新版 なっとく！のヘアカラー＆ヘナ＆美容室選び

森田要・山中登志子

彩流社

はじめに――カラーリングにはまる人

１９９０年代にはじまったヘアカラーブーム。いまでは、「おしゃれな人は髪を染める」が定着しつつあります。

しかし、おしゃれな人ほど髪の変化を求めてヘアカラーを楽しむ一方で、髪のトラブルに悩む人が増えているのも事実です。最近は、ヘアカラーのご相談でお店を訪れる方が後を絶ちません。

髪を染めると、しばらくして根元の部分が気になり、これを隠すためにカラーリングを繰り返します。おしゃれな人ほどこの周期は短くなり、よほどの気づきやきっかけがない限り、このスパイラルから抜け出すことはできません。

この繰り返しによって起こるのが髪のさまざまなトラブルです。カラーリングの頻度が増すと髪に負担がかかり、徐々に髪が傷みます。

髪をきれいにしたいと思う気持ちとはうらはらに、壊れた髪をつくるという結果になります。

そして、髪が傷むにつれてヘアケア商品は増え続けます。日本女性の黒髪は傷み、シャンプーやトリートメントが改善され、ヘアケア商品や美容商材の売り上げはうなぎ登りです。テレビを見ていると、シャンプー、コンディショナー、トリートメント、育毛剤、養毛剤などのヘアケア商品のＣＭが繰り返し流されています。

ヘアカラーの売り上げも年間出荷高が80年代に８００億円だったのが、90年代には１２００億円という驚異的な伸びを示しています。繰り返されるカラーリングのキャンペーン。髪を染めることがおしゃれの最先端と思わせるコマーシャルや雑誌の記事……。この繰り返しの宣伝効果で、女性の大半は髪を染めることが習慣になって行きます。

そして、最後の最後には〝かつら〟という何ともこっけいな結果が待ちかまえています。

有機無農薬食材を好む人たちが、残留農薬の何倍もあるものを頭にのせているような不思議さ、医療の業界と同様、見事なまでにつくりあげられた産業構造の下で働かされている美容師たち……。

本来、髪をきれいにするはずの美容師が、髪を壊す側にいるというなんとも皮肉なことになっています。

これらの事実にはほとんどふれられないので、お客様はいつまで経ってもきれいな髪を手に入れることはありません。しかし、解決法は意外と簡単です。

いままでのように「足し算」をせず、むしろ「引き算」をする――これが、髪をきれいにするいちばんの近道です。

髪に関するトラブルを解消してくれる新しい素材、「ヘナ」についての最新情報、〝ホンモノ〟と〝ニセモノ〟の見分け方、自宅でのヘアケアの方法を、本著でご紹介していきます。

いままでの習慣を変えて、新たな試みと経験を楽しんでください。

もともと持っている美しさを取り戻し、「髪」がきれいになるお手伝いができればと思います。

２０１５年11月

森田要（美容室「kamidoko」代表）

山中登志子（編集家）

もくじ◎『新版 なっとく!のヘアカラー&ヘナ&美容室選び』

第5章　ヘナ　129

第1章

カラーリング Q & A

【ダメージケアの基本】（以下、回答＝森田要）

Q　きれいな髪、健康な髪とはどういう髪ですか？

A　薬剤処理をしていない髪、むやみにハサミをいれていない髪。⬇くわしくは96ページ

Q　髪の傷みの原因は何ですか？

A　薬剤、切れ味の悪いハサミで髪を切ること。⬇くわしくは63、88ページ

Q　薄毛、脱毛のトラブルが多い人はどんな人ですか？

A　パーマやカラーリングの頻度が多い人。⬇くわしくは88ページ

Q　ドライヤーは使用したほうがよいですか？

A　使用したほうがよい。髪の毛は水分を含むと膨張して弱い状態になる。また、髪がぬれているとからだを極端に冷やすので早目に乾かすのがよい。

Q　パーマは髪の毛によくないのでしょうか？

A　薬剤を使い酸化還元を行なうことで、髪の毛を大きく損傷する。結果的には髪の老化をすすめるので、使用は控えたほうがよい。⬇くわしくは97ページ

Q　カラー剤で脱毛やかゆみがありました。

A　脱毛に関しては、頭皮上で薬液が反応するため、反応熱などでヒフ疾患が起きることが考えられる。また、かゆみもともなうことがある。⬇くわしくは90ページ

Q　**おすすめのヘアケア剤を教えてください。**

A　基本的にはシャンプー剤も含め、ヘアケア剤を多く使わないこと。⬇くわしくは１０５ページ

Q　**おすすめの洗髪方法を教えてください。**

A　水またはお湯でよく洗い流すこと。汚れの８割ほどは落とすことができる。残りの２割を落とすためにシャンプー剤を少なめに使用し、後はよく洗い流すこと。

【カラーリングの基本】

Q　**髪がカラーリングで染まる仕組み、カラーリング剤のことを教えてください。**

A　黒髪の場合も白髪の場合も、脱色しながら染色する。⬇くわしくは30ページ

Q　**カラーリングのとき、地肌がひりひりします。**

A　薬品による反応熱でかゆみが生ずる。⬇くわしくは62ページ

Q　**ヒフアレルギー試験（パッチテスト）は必要ですか？**

A　必要。⬇くわしくは85ページ

Q　妊娠中や生理のときにはカラーリングはしないほうがよいですか?
A　しないほうがよい。

【ヘナの基本】

Q　ヘナとは何ですか?
A　植物性染料、赤色染料。⬇くわしくは130、132、133ページ

Q　ヘナは使いづらい、たいへんだと聞きました。
A　目的意識があれば問題なし。⬇くわしくは145ページ

Q　ヘナの商品がいろいろあって、どれがよいのかわかりません。
A　公的機関での分析結果など客観的な資料をもとに検討すること。⬇くわしくは156ページ

Q　使用期限はありますか?
A　開封しない場合は3年。開封後は3カ月以内で使い切ること。⬇くわしくは169ページ

Q　白髪がなぜ、染まるのですか?
A　色素成分のローソンが髪の毛のたんぱく質に絡みつき、染着する。⬇くわしくは132ページ

Q　ヘナでかぶれたりしないですか？

A　植物染料によるアレルギーはまれに存在する。➡くわしくは１８３ページ

Q　思った色に染まりません。

A　赤色染料であるため、白髪に関してはオレンジ色系にしか染着しない。使用頻度を増やすことで、深い味わいのある色に変化していく。➡くわしくは１３２ページ

Q　ヘナは男性にも適していますか？

A　頭皮の脂分を取って脱毛しにくくなる。髪にハリやコシが出る。➡くわしくは１９８ページ

Q　ヘナのにおいが気になります。

A　オイルの使用でにおいを緩和することはできる。

Q　シャンプーやコンディショナーはいままで通りで大丈夫ですか？

A　差し支えはない。

Q　整髪剤、育毛剤を使っても大丈夫ですか？

A　育毛の妨げなので使用を控えたほうがよい。ヘナに育毛効果がある。

Q 白髪用ヘアカラーと黒髪用ヘアカラーの違いは何ですか？

A 脱色と染色を同時に行なう基本的なメカニズムは変わりません。

白髪を黒や黒に近い色に染めるのが白髪用ヘアカラー、黒髪を黒以外の色に染めるのが黒髪用ヘアカラーで「おしゃれ染め」と呼んでいます。白髪に対して明るめの色のほうが染着しにくいです。白髪用も黒髪用ヘアカラーも基本的なメカニズムは変わりません。ヘアカラーでは、どんな色に染めても髪を脱色します。白髪でも黒髪でも脱色と染色を同時に行ないますので、髪へのダメージはかなり大きいです。

また、ヘアカラーを繰り返すことは脱色剤を連用することになるので、早い段階で退色現象が現われてきます。最初は思った色に染まりますが、回数を重ねるごとに色調も変わっていきます。

当然、もともと持っている髪質によって染まり方が異なります。また、カラーリングやパーマの連用による髪の傷み具合や染めるときの条件によっても、染まり方が変わってきます。

Ｑ ヘアマニキュアで染めた髪にヘアカラーを使用できますか？

Ａ ムラに染まったり、よく染まらなかったりします。

ヘアマニキュアとヘアカラーを使用することはできますが、ムラに染まったり、よく染まらなかったりします。

ヘアマニキュアは、酸性の染料をキューティクルのすき間に通らせて、毛髪内部の毛皮質の外側部分に浸透させて染めています。通常、毛髪を加温してキューティクルのすき間を開けます。黒髪をあまり明るい色にすることはできませんが、白髪の部分は染まります。色持ちは2〜3週間程度。

一方、ヘアカラーは、発がん物質と指摘されているジアミン系染料（酸化染料中間体）を過酸化水素の酸化力で反応させ、発色させて染毛します。髪に色をのせているのではなく脱色が前提で、白髪も脱色しながら染めています。好みの色に染めることができ、また色持ちも2〜3カ月と長いです。

染毛のメカニズムを考えると、ヘアカラー、ヘアマニキュアともに髪へのダメージは大きいです。

Q　ヘナという植物を成分とした染毛料があるそうですが、どのようなものですか？

A　白髪をオレンジ色に染め、トリートメント効果が高い植物です。

ヘナとは、ミソハギ科の植物で学名を「Lawsonia inermis」、一般名をヘンナと言います。ヘナが髪に使われるようになったのは古代エジプト時代とも言われ、長きにわたって使用されてきた歴史があり安全性も証明されています。

ヘアカラー、ヘアマニキュアと違って、ヘナでは短時間で染まることは難しく、また黒髪はほとんど染まりません。しかし、髪に対するトリートメント効果は非常に大きく、ヘナの持つ抗酸化力で白髪を予防する効果や脱毛予防などで、髪の毛にプラスの影響を与えます。

ヘナに色素を配合した製品も販売されています。黒く染まるヘナ「ブラックヘナ」や暗めの色に染める「ダークブラウンヘナ」などには、ジアミン系の酸化染料が入っています。これらはケミカルヘナで、ヒフトラブルを起こすことがあります。

ナチュラルヘナは白髪に対してはオレンジ系の色に染まり、黒髪との割合でメッシュをしたようにも見えます。自然染料なので、回数を重ねるごとに色に深みを増していきます。化学薬品ではありませんから、ヘアカラーのようにオーバータイムによる抜け毛や脱毛はありません。

ナチュラルヘナ100％を選んで使いましょう。

Q

1剤や混合液の色と仕上がりイメージの色が違いますが、なぜですか？ヘアカラーを2色混ぜ合わせて使うと、中間の色に染まりますか？

A

2種類の薬品で脱色し染めるのがヘアカラー。思い通りにも、中間色に染まることもありません。

イメージ通りの色が出ることはなかなかありません。また、2色を混ぜて染めても、中間の色に染まることはありません。

ヘアカラーでは、反応させて発色させるために2種類の薬品である1剤（酸化染料）と2剤（酸化剤、過酸化水素水）が使われています。

美容室では番号がついているカラーチャートを見せられて、好みの色を決めていきます。1剤と2剤を混ぜ、15分くらい髪につけてコーミングし、根元と毛先では染まり具合を確かめていきます。

これらの2種類の薬剤で脱色しながら染色するため、好みの色に染めることができ、しかも2〜3カ月と色持ちもよいので美容室ではお客様の要望に応えながらカラーリングがされています。自宅でのセルフカラーリングも、染めるメカニズム（2種類の薬品を使用）はまったく同じです。

ジアミン系染料は、髪が傷むのはもちろん、アレルギーなどを引き起こしたケースが多く報告されています。枝毛や切れ毛もカラーリングが原因の一つです。カラーリングのときに使用される過酸化水素（2液）が大きく関係しています。たんぱく質変性が起こり、毛髪内部のたんぱく質や水分が著しく損なわれます。

Q　１剤と２剤を混合してすぐに使うようにと使用説明書にありますが、なぜですか？ また、染める時間を長くすれば、もっとよく染まりますか？

A　混ぜた直後から反応がはじまります。染色効果は少しずつ低下します。

ヘアカラーでは、１剤２剤を混ぜた直後から発色がはじまります。時間とともに染色効果が徐々に低下していきますから、使用直前に混ぜてすぐに使用するようにすすめています。

一定の時間が経った混合液は化学反応を終えているので、次回のヘアカラーでの使用はできません。１剤と２剤の２つの薬剤が同時に出て、混ぜる手間をはぶいた「２ in １容器」タイプのヘアカラー剤は次回も使える取り置きタイプです。

カラーリング中に反応熱が出ます。ヘアカラーで熱さを感じたり、ひりひりすることがあるのは、頭の上で化学反応が起きているからです。

化学薬品ですから、適切な時間を厳守しないと危険性をともないます。カラーリングでのオーバータイムは、抜け毛、脱毛トラブルの原因です。

Q 女性用と男性用ではヘアカラーの成分、染めるメカニズムに違いがありますか？

A 違いはありません。ヘアカラーは脱毛の原因です。

男性用おしゃれ染め、白髪用、髪色もどしの成分、染めるメカニズムは女性用と変わりません。そもそも髪の毛は女性ホルモンで、男性と女性では毛周期が異なります。男性の毛周期は最長で4～5年と女性の6～7年よりも短いです。男性の脱毛した髪を回復させるのは女性よりも難しいです。そのため、まず、脱毛の原因をつくらないことです。

カラーリングは脱毛の原因となります。また、保湿成分の多いシャンプーやトリートメントも脱毛を助長します。油分が多いと脱毛の原因となりますから、頭皮に余計な油分を残さないことです。パーマも脱毛の原因です。あらゆる薬品を排除していくことが育毛への近道ではないでしょうか。

Q ヘアカラーとパーマは、どちらを先にすればよいのでしょうか？

A ヘアカラー、パーマもその目的によって順序は異なります。

「ヘアカラーした後にパーマをすると、染めた色があせる」「パーマをかけた後にヘアカラーをすると、ウェーブが伸びてしまう」などと言われることもありますが、ヘアカラー、パーマの目的により順序は異なります。

ヘアカラーもパーマも髪の毛の劣化を招く薬品が使われていますので、髪とからだへの負担、髪のトラブルを招くことから、ヘアカラー、パーマともにおすすめしません。

「髪や地肌への負担を軽くするために、ヘアカラーとパーマの間隔を１週間以上あけるように」と言われますが、そのことが髪への負担がかかることを意味しています。

Q 染毛中に気分が悪くなりましたが、どうすればよいですか？ どのような場所でヘアカラーするのがよいのでしょうか？

A 化学薬品によるヘアカラーそのものが、気分を悪くさせています。

密閉された場所や空間で、酸化染料によるヘアカラーをすると息苦しさなどをともない、気分が悪くなる人がいます。衣服や周囲に付着すると落ちません。

髪の毛がぬれている状態でヘアカラーを使用すると、流れやすくなって誤って目などに入る恐れがありますから、ぬれた髪の状態での使用は禁物です。

入浴中は発汗などにより体温が上昇します。髪に薬液をつけていると反応熱も加わり、化学反応がすすみます。また、発汗により薬液がたれやすくなるなど非常に危険をともないますから、入浴中の行為も禁物です。

気分が悪くなった場合はすぐにヘアカラーを洗い流し、医師の診療を受けてください。

そもそも気分が悪くなる化学薬品によるヘアカラーを選択することが問題です。

Q ヘアカラーで思った色に染まらなかったらすぐに染め直してもよいですか？ヘアカラーで暗く（黒く）染まった場合、明るい色に変えたり、明るく染まってしまった場合、次のときにもっと暗く染めることができますか？

A 色を優先するのではなく、髪質を第一に考えましょう。

髪に負担をかけないように、カラーリングの期間をあけるように言われたり、何回かにわけて段階ごとに明るくするようにアドバイスされたり、またヘアカラーではなくヘアマニキュアやヘアブリーチをすすめられることがあります。しかし、ヘアカラーそのものを運用するればするほど髪には大きな負担がかかり、髪のトラブルの元です。

色を優先するのではなく、髪質、素材を優先してください。

暗く染めた色を明るい色に染めることも、明るく染めた色を暗く染めることも可能ですが、時間がかかることと、髪への負担は非常に大きいです。

カラーリングした髪の色を〝戻す〟商品が「髪色戻し」として販売されていますが、これもヘアカラーです。カラーリングした髪に色をつけているのではなく、脱色して染色していることになります。

以上のQ&Aは、日本ヘアカラー工業会（カラーリングの製品をつくっているメーカー。アリミノ、花王、カネボウ化粧品、コーセー、資生堂、シュワルツコフヘンケル、ダリヤ、日本ロレアル、プロクター・アンド・ギャンブル・ジャパン、ヘンケルジャパン、ホーユー、マンダムなどで構成。２０１５年4月現在、正会員35社、賛助会員16社）のウェブサイトでアップされているQ&Aと比較しながら、お読みください。

日本ヘアカラー工業会の回答では、染毛中に息苦しさ、めまい、ヒフの異常、また目の損傷（角膜の炎症等）などの言葉が出てきています。もし、このように危険性の高いものであれば、髪を染めるという選択そのものをしないことが望ましいのです。

ヘアカラーの有効成分（酸化染料）は、髪やからだに対して非常にリスクをともないます。カラーリングをするのであれば、リスクをともなわない植物性染料が好ましいです。化学染料とは違って手間はかかりますが、安全で安心なものを使用してほしいものです。

第2章

ヘアカラー事情

ヘアカラーの歴史

泡タイプのヒット&セルフユーザー増加

１９９０年代に起きたヘアカラーブーム。売れっ子の女優やファッションモデルを起用したヘアカラー戦略が流行の最先端となって、女性も男性もこぞって髪を染めました。年間出荷高８００億円の売り上げが一挙に１２００億円まで跳ね上がり、１９７７年からの約30年の間、市場規模は２００億円から１０００億円と5倍にも拡大しています。

街中でヘアカラーをしていない人を探すほうが難しく、黒髪のほうが珍しい時代です。白髪染めだけではなく、ヘアカラーはファッションとして日本社会にごく当たり前に溶け込んでいます。

２０１５年度版「頭髪化粧品の市場分析調査」(調査＝総合企画センター大阪)によれば、２０１３年度頭髪化粧品の規模は前年度比１・５％増の４４７５億円。高価格の育毛商品、オイル関連商品が好調な売上を伸ばしました。

ヘアケア全体の市場では、２０１０年度の企業別シェアは花王(構成比15・1％)、資生堂(同13・5％)、P&G(同10・4％)、ユニリーバ・ジャパン(同10・3％)、ホーユー(同6・4％)、マンダム(同4・3％)、クラシエホームプロダクツ(同4・1％)、カネボウ化粧品(同3・5％)、大正製薬(同3・4％)でした。

具体的な商品として、ホーユーは、主力ブランド「ビゲン」のリピート率アップが功を奏し、シェアを保持。２０１１年度は、クリームを中心に展開していた同ブランドに新たに泡の商品を投入するなど、ユーザー拡大に向けた展開で伸長しています。

また「白髪用は泡タイプ商品がセルフカラー未経験者を獲得したことから好調に推移。一方の黒髪用はカラー頻度の減少やサロンへのスイッチを背景に減少推移となった」と分析しています（2012年度「頭髪化粧品の市場分析調査」より）。

花王は2011年7月、ホーユーの泡状ヘアカラー「ビゲン ヘアカラーDX クリーミーフォーム」の容器構造や液剤成分などが特許を侵害しているとして、東京地裁に提訴しました。2年間の係争の後、ホーユーが花王に対して特許使用料などを支払うことで合意し、和解が成立しました。セルフユーザーの増加、泡タイプ商品ヒットの中、ヘアカラー大手企業の間で起きた出来事でした。

世界のヘアカラーの歴史

世界的に見てみると、旧石器時代、樹木の汁などを使って髪を染めていたと言われています。原始時代には、儀式の際に髪を装飾するためのヘアカラーがされていました。

古代エジプトやアッシリアなどでは、植物のヘナやインディゴを使ったヘアカラーが行なわれていました。クレオパトラが髪や爪を染めていたと言われています。ギリシャ時代、髪を金色（ブロンド）に染めたという記録も残っています。黒系の髪が好まれたローマでは、クルミの殻とニラを煮詰めたもので髪を染めています。ヘアカラーには、宗教的・呪術的な意味合い、社会的地位や権力を示す目的があり、この時代は男性が主体でした。

古代中国では、鉄と茶葉の抽出物を使って髪を黒く染めていました。

ルネサンス以後、女性の間でベネチアン・ブロンドやブルネットなどの流行色が生まれました。ベネチアン・ブロンドにするため一日中、髪を太陽にさらさなくてはいけませんでした。また、ブルネットにするため硫酸銀と蒸留水を混ぜた薬剤を使用し、かなりの危険をともなってカラーリングをしました。

ドイツのA・W・ホフマンが1863年、パラフェニレンジアミンという酸化染料を発見しました。フランスのP・モネーが1883年、酸化染料と過酸化水素を組み合わせたヘアカラーの特許を取得しました。これが現在、市場の大半を占めているヘアカラーの原型です。過酸化水素は1818年、フランスのテナールにより発見されています。1888年、E・エルドマンがジアミン、アミノフェノール類及び関連化合物による毛皮や頭髪の染色特許を取得し、染毛時間も2〜3時間に短縮されました。

その後、アメリカでヘアマニュキアが開発されました。染料にタール系色素が使用されています。毛髪表面から一部内部に浸透させて染色し、半永久的ヘアカラー剤です。ヘアカラーはこのほか、毛髪表面に色素を付着させるスプレー式やスティック式の毛髪着色料の一時的ヘアカラー、黒髪の色素を脱色するブリーチやヘアカラーの染料の色素を落とす脱染剤などもあります（35〜36ページ参照）。

日本のヘアカラーの歴史

一方、日本では「篠原の戦い」（1183年）、平安時代の武将である齊藤実盛が「最後こそ、若々しく戦いたい」と白髪を墨で染めていたことが「平家物語」に記されています。これがもっとも古いヘアカラーの記録とされています。

明治の中頃まで、タンニン酸と鉄分を用いた「おはぐろ式」（媒染染毛法）の白髪染めがされていました。この「おはぐろ式」は染め上がるまで10時間もかかりました。明治末期、おはぐろをクリーム状にした商品が発売され、これが日本ではじめて発売されたヘアカラーと言われています。

１９０５年（明治38年）、日本で最初の酸化染料式ヘアカラーと言われている「志ら毛染君が代」が発売されています。それまでは、パラフェニレンジアミンのアルカリ溶液で染めていたので、空気で酸化させるため2時間かけて染めていました。

１９１１年（明治44年）、パラフェニレンジアミンを過酸化水素で酸化する「るり羽」が山発商店（現シュワルツコフ ヘンケル）から発売され、染毛時間が20～30分も短縮されることになります。

１９２１年（大正10年）、水野甘苦堂（現ホーユー）から「元禄」（パラフェニレンジアミン粉末、のり粉、過酸化水素水の3剤タイプ）が発売され、染毛時間は30分に短縮されました。

昭和30年代になると、白髪染めだけではなく、おしゃれ染めのヘアカラーの開発が進み、色のバリエーションも年々、増えていきます。１９７０年代になると、自宅で染めるセルフユーザー用のヘアカラー剤が流行します。昭和60年代になると、美容室中心に酸性染毛料（ヘアマニキュア）が人気を集めました。

１９９０年代に入ると若年層を中心に茶髪ブームが起き、それ以後、年齢や性別を問わず、カラーリングが当たり前の時代になりました。

鉱物性顔料にはじまり、酸化染料、酸性染料、中性染料、光変性染料、ＨＣ染料とカラーリング業界では開発が進んできました。

業界トップ「ホーユー」の歴史

日本のヘアカラーの歴史は、業界トップのホーユーとともにあります。

１９０５年（明治38年）、名古屋で薬屋「水野甘苦堂」を創業したホーユー（現在）は、２００５年に創業１００年を迎えた老舗メーカーです。ヘアカラー商品としてはブランド「Ｂｉｇｅｎ（ビゲン）」（熟年層向け）でお馴染みです。

「ビゲン」の由来は「美人元禄」から「美元」を取って、カタカナで「ビゲン」と表記したのがはじまりです。

そのほか「シエロ（ＣＩＥＬＯ）」（ミドルエイジ向け白髪染め）、「ビューティーン（Beauteen）」（若年層向けヘアカラー）、「ビューティラボ（Beautylabo）」（20代向け）、「レクシィ（rexy）」（若年層向け男性用ヘアカラー）などのブランドがあります。市販以外、プロフェッショナル事業ブランドとして理美容室向け商品も製造・販売しています。

ホーユーとヘアカラーの歴史

年代	出来事
1909年 （明治42年）	しらが染め「二羽からす」発売 ホーユー初の染毛剤。パラフェニレンジアミンを水に溶かした液をびん詰め。染毛時間6~7時間。
1916年 （大正5年）	「三羽からす」発売 1液、2液を混合した染毛剤。染毛剤の原型。染毛時間が20~30分短縮。
1921年 （大正10年）	しらが染め「元禄」発売 創業者（水野増次郎）が10時間かかっていた染毛時間を2~3時間、さらには20~30分短縮。
1957年 （昭和32年）	粉末しらが染め「ビゲン」発売 水で溶くだけの画期的なしらが染め。粉末状の酸化染料、糊料、酸化剤。
1971年 （昭和46年）	「ビゲンヘアカラー」発売 シャンプー式。昭和40年代の「おしゃれ染め」ブームを意識。
1984年 （昭和59年）	「ビゲンクリームトーン」発売 染め上がり、小分け、部分染めの簡単さもあって、初年度100万本、年間1000万本超の売り上げ。チューブクリームタイプの1剤と2剤の酸化染毛剤が増加。
1986年 （昭和61年）	男性用白髪染め「メンズビゲン」発売 男性にターゲットを当てた商品がヒット。
1987年 （昭和62年）	男性用「メンズビューティーン」「メンズビゲン スピーディーカラー」発売 ターゲットは10代。男性用ヘアカラー市場が拡大。
1989年 （平成元年）	「レディースビゲンスピーディー」発売 放置時間10分の早染めクリームタイプ染毛剤。
1990年 （平成2年）	若者向けヘアカラー「ビューティーン」発売 コンセプトは「髪色遊び」。茶髪ブーム到来。
1997年 （平成9年）	ミドルエイジ向け「シエロ」発売 ターゲットは「新しい大人の女性」。混ぜる手間をはぶいた「2 in 1容器」を製品化。
1999年 （平成11年）	「ビューティラボ ヘアカラー」発売
2002年 （平成14年）	男性版「メンズビューティーン」シリーズ発売
2009年 （平成21年）	「シエロムースカラー」発売
2010年 （平成22年）	「ビューティラボ ふりふりホイップヘアカラー」発売 容器を振ってホイップをつくる新タイプ。フォーム/泡タイプ市場のニーズが高まる。
2011年 （平成23年）	男性版「レクシィ」シリーズ、「ビゲン ヘアカラーDX クリーミーフォーム」発売 「ヘアカラーDX」は据え置き型のポンプタイプ染毛剤
2013年 （平成25年）	通販限定商品「ナチュライン カラートリートメント」、「シエロ カラートリートメント」、「レセ カラートリートメント」、「メンズビゲン カラーリンス」発売
2014年 （平成26年）	「ビゲン ヘアマスカラー」、「メンズビゲン グレーヘア」「プロステップ」発売

*参考　ホーユーウェブサイト「沿革」「製品史」

ヘアカラーリング剤の分類

医薬部外品と化粧品

ヘアカラーリングの種類は大きく分けて、染毛剤（医薬部外品）と染毛料（化粧品）に分類されます。１００％天然のナチュラルヘナも化粧品ですが、本著では、染毛料（化粧品）とは別分類にして紹介します。

◆染毛剤（医薬部外品）

①永久染毛剤（ヘアカラー、ヘアダイ、白髪染め、おしゃれ染め、おしゃれ白髪染め、おはぐろ式白髪染めなど）

色剤は、酸化染毛剤（アルカリ性酸化染毛剤と酸性酸化染毛剤）と非酸化染毛剤。ジアミン系の染毛剤で染毛剤を浸透、酸化させ、髪から出づらくする。色持ちは2～3カ月。

②脱色剤・脱染剤（ヘアブリーチ、ヘアライトナー）

合成界面活性剤とアンモニアで髪に薬品が浸透しやすくし（1剤）、酸化剤（過酸化水素水）と合成界面活性剤で髪のメラニンを破壊（2剤）する。ヘアカラーを脱色するのは脱染剤。

◆染毛料（化粧品）

①半永久染毛料（ヘアマニキュア、酸性カラー、酸性染毛料、ヘアカラー、カラートリートメント、カラーリンス）

色材は、酸性染毛料と毛髪着色料。アゾ系酸性染料で染める。髪に染料が浸透。液タイプのほかジェルタイプ、クリームタイプもある。色持ちは2〜4週間。

②一時染毛料（ヘアマスカラ、ヘアカラースプレー、ヘアカラースティック）

色材は、酸性染毛料と毛髪着色料。顔料は主に酸性染料を使用。スティックタイプ、液状タイプ、スプレータイプがあり、洗髪で落ちやすい。

◆ヘナ（ヘンナ）（化粧品）

天然のハーブを乾燥、粉末にした植物性染毛料。

100%天然のナチュラルヘナではなく、合成染料を加えたもの、酸化染料を加わえたものもヘナの名前で市販されている。それらは、染毛剤、染毛料の分類になる。

ヘナについては、第4章と第5章でくわしく紹介していきます。

薬事法	分類			主成分	色持ち	商品呼称
染毛剤	医薬部外品	永久染毛剤	酸化染毛剤	1剤（酸化染料、アルカリ剤）、2剤（過酸化水素水）	2〜3カ月	ヘアカラー、ヘアダイ、白髪染め、おしゃれ染め、おしゃれ白髪染め、アルカリカラー、ローアルカリカラー、酸性酸化型カラー
			非酸化染毛剤	多価フェノール類、金属イオン	1カ月	おはぐろ式白髪染め
		脱色剤	脱色剤	1剤（アルカリ剤、過硫酸塩）、2剤（過酸化水素水）		ヘアブリーチ、ヘアライトナー、ブリーチパウダー、パウダーブリーチ
		脱染剤	脱染剤	1剤（アルカリ剤、過硫酸塩）、2剤（過酸化水素水）		ヘアブリーチ、ブリーチパウダー、パウダーブリーチ、ハイブリーチ、メガブリーチ、ウルトラブリーチ、デカラライザー
染毛料	化粧品	半永久染毛料	酸性染毛料	酸性染料、クエン酸	3〜4週間	ヘアマニキュア、酸性カラー（酸性染毛料）、カラーリンス、カラートリートメント
				塩基性染料、HC染料	2〜3週間	ヘアマスカラ、ヘアカラースプレー、カラースティック
		一時染毛料	毛髪着色料	無機顔料、油溶性染料、法定色素（タール色素）		ヘアマスカラ、ヘアカラースプレー、ヘアカラースティック、カラームース、カラージェル、カラーワックス、カラークレヨン

藤原紀香「CIELO」シリーズ

ミドルエイジ向け白髪染め

藤原紀香のCMでお馴染みのカラーリングと言えば、ホーユー「CIELO（シエロ）」シリーズです。ミドルエイジ向け白髪染めとして、現在、ムースカラー、ヘアカラーEXクリーム、ヘアカラーEXミルキー、ヘアマニキュア、コーミングカバー、カラートリートメントの6商品が販売されています。各商品ともに、色のバリエーションを取りそろえています。

「シエロ」シリーズで言えば、ムースカラー、ヘアカラーEXクリーム、ヘアカラーEXミルキーは染毛剤（医薬部外品）。ヘアマニキュア、コーミングカバー、カラートリートメントは染毛料（化粧品）です。「シエロ」シリーズのウェブサイトでは、それぞれ以下のように紹介しています。

ヘアカラーは「一度で、髪全体を染め上げる。シャンプーしても色落ちしない」商品で、特徴として「ヘアカラーは、永久染毛剤です。染料が、髪の内部までに入り、毛皮質のメラニン色素を分解し染料が髪の内部に浸透して、しっかり染まります。効果の持続性は、約2〜3カ月となります」と説明しています。「シエロ」シリーズでは、ムースカラー、ヘアカラーEXクリーム、ヘアカラーEXミルキー。

ヘアマニキュアは「手軽に自然に目立たせなくする。髪の傷みが気になる方へ」に向けた商品で、「ヘアマニキュアタイプ（半永久毛染料）は、髪に負担をかけずに白髪を目立たなくし、同時にツヤを与えます。色持ちは約3〜4週間で、シャンプーで徐々にいろ落ちしていきます」と説明しています。「シエロ」シリーズでは、ヘアマニキュア。

一時着色料は「お出かけ前に、今すぐ白髪をかくしたい方へ」に向けた商品で、「一時着色料（毛髪着色料）は、一時的に白髪の毛髪表面に色素を付着させるその日１日の白髪かくしです」と説明しています。「シエロ」シリーズでは、コーミングカバー。

「カラートリートメント（化粧品）」は、シャンプー後に使い、傷んだ髪を補修しながら、使うたびに白髪を目立たなくなることを期待する商品です。「シエロ」シリーズでは、カラートリートメント。

髪の染まり方&色の仕上がり

カラーリング商品を選ぶ際、髪への染まり方、あるいは色の仕上がりを気にしながら商品を選んでいる人も多いですが、「シエロ」シリーズでも以下のように分類しています。

◆髪の染まり方から選ぶ

「白髪をしっかり染めたい！（一度で髪の内部を染め上げる。色持ちは約２〜３カ月）」人には、ヘアカラー

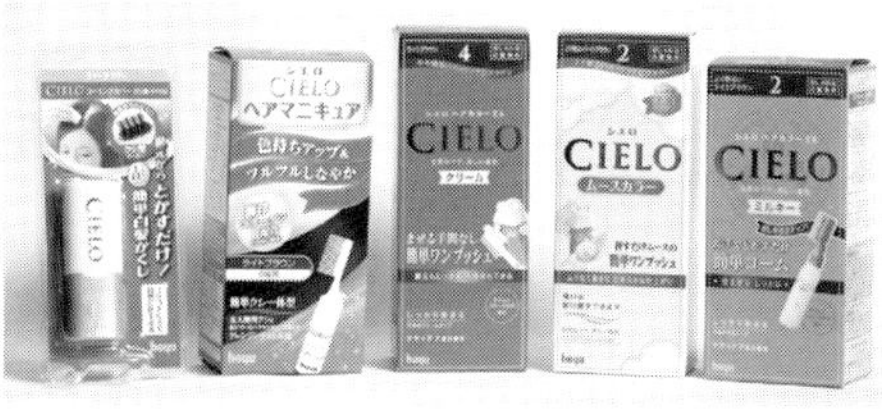

「CIELO」シリーズ。写真左より、◆お出かけ前、気になる白髪をしっかりカバーしたい！「コーミングカバー」（内容量：9mℓ、全4色）　◆髪をいたわり、ツヤを与えながら白髪を隠したい！「ヘアマニキュア」（内容量：72g、全4色　肌についたヘアマニキュアを落とすクレンジングジェル付き）　◆まぜる手間なく、ワンプッシュで簡単に染めたい！「ヘアカラーEXクリーム」（内容量：40g＋40g、全15色）　◆ムースを手に取って髪全体を染めたい！「ムースカラー」（内容量：50g＋50g、全14色）　◆コームを使って、後ろ髪もムラなく染めたい！「ヘアカラーEXミルキー」（内容量：50g＋75mℓ、全16色）　このほか、髪や地肌をいたわりながら白髪が染めたい！「カラートリートメント」（内容量：180g、全5色、2014年発売）

（医薬部外品）。

「髪をいたわりながら染めたい！（髪の表面と、やや内部を染める。色持ちは約3～4週間）」人には、ヘアマニキュア（化粧品）。

「今すぐ白髪をかくしたい！（お出かけ前の気になる白髪を、その日1日しっかりカバー）」人には、一時着色料（化粧品）。

「髪や地肌をいたわりながら白髪を染めたい！（染めるたび傷んだ髪を補修し、髪色ツヤツヤな仕上がり！）」人には、カラートリートメント（化粧品）。

◆色の仕上がりから選ぶ

「シエロは〝私らしく〟おしゃれにカラーリングを楽しみたい女性のために豊富なカラーラインナップをご用意！　幅広い明るさ・色からあなたに合った色がきっと見つかります。」

「白髪の量が多めの方は、仕上がりのイメージより明るめに、少ない方は、暗めに仕上がります。」

若い人たちは白髪染めではなく、おしゃれ染めとしてカラーリング商品を選んでいますが、ホーユーでは、白髪染めは「ビゲン（Bigen）」（男性用は「メンズビゲン」）、「シエロ」。ヘアカラーは「ビューティーン（Beauteen）」、「ビューティラボ（Beautylabo）」。男性用は「レクシィ（rexy）」など、性別や年代別でブランド化しています。

髪を染めるメカニズム

以上は、メーカーサイドが伝えている毛染めの仕組みと特徴ですが、どのようなメカニズムで髪が染まっているのかを、くわしく見ていきましょう。

◆永久染毛剤（ヘアダイ、ヘアカラーなど。医薬部外品）

「シエロ」シリーズで言えば「ムースカラー」「ヘアカラーEXクリーム」「ヘアカラーEXミルキー」ですが、ジアミン系染料（酸化染料中間体）を過酸化水素の酸化力で反応させ、発色させて染毛します。白髪染めにもっとも多く利用されているヘアダイもこれに当たります。若い人が好む茶髪やカラフルな色にするヘアカラーも同様です。反応させて発色させるために2種類の薬品が使われ、1剤にはジアミン系染料の酸化染料とアルカリ剤のトリートメント剤、2剤には過酸化水素とトリートメント剤が使われます。

この2種類の薬品を混合させると、まず、アルカリ剤によってキューティクルのすき間が開きます。次に薬品を混合することによって発生した酸素により、メラニン色素が破壊され、髪が脱色されます。ジアミン系染料は分子が小さいため、染料が毛皮質の内部まで浸透します。そこで過酸化水素との混合で酸化反応を受けて巨大化し、今度は不溶性の粒子を作り、キューティクルのすき間を通りにくくなり、染料が流出しにくくなります。

毛皮質内部で発色し定着するため、色持ちがよく、さらに脱色しながら染色するため、好みの色に染めることができ、また色持ちも2～3カ月と長いです。美容師もお客様の望む色に染毛できるため、この方法をとるケースが多いのですが、ジアミン系染料は、髪が傷むのはもちろん、アレルギーなどを引き起こしたケースが多く報告されています。

◆半永久染毛料（ヘアマニキュア、カラーリンスなど。化粧品）

「シエロ」シリーズで言えば「ヘアマニキュア」「カラートリートメント」ですが、酸性の染料をキューティクルのすき間に通らせて、毛髪内部の毛皮質の外側部分に浸透させ、イオン結合によって染めます。酸性の染料は分子が大きいため、キューティクルのすき間を通らせるのは困難なので、通常は毛髪を加温してキューティクルのすき間を開けます。

染め上がりの色は、毛皮質にあるメラニン色素の色とミックスされるため、黒髪をあまり明るい色にすることはできませんが、白髪の部分は問題なく染まります。

イオン結合による染色は化学反応ではないので、毛髪やからだへのダメージは低いのが特徴です。色持ちは2～3週間程度です。

◆一時染毛料（ヘアカラースプレーなど。化粧品）

「シエロ」シリーズで言えば「コーミングカバー」ですが、毛髪表面に顔料を付着させる方法で髪に染着させます。ヘアカラースプレーのように、髪の毛にひと吹きさせれば、手軽に好きな色に染めることができますが、シャンプーをすれば落とすことができます。

手軽に着色できる反面、簡単に色落ちしてしまうというデメリットもありますが、染毛の中では比較的安全な商品です。

自宅でのセルフカラーリング、美容室でのカラーリングによる染めるメカニズムはまったく同じです。カラーリング剤は、どの商品も同じようなメカニズムで染めています。

まず、理解してもらいたいのは、染毛剤のヘアダイ、ヘアカラーは脱色しながら染めあげているということです。髪に色をのせているのではなく、脱色が前提です。白髪染めの場合も黒く染める場合も同じです。色がハイトーンであっても、おしゃれ染めでも同じです。白髪さえ脱色しながら染めているのです。ここはポイントです。

カラーリングを一度すると、根元から黒い新しい髪が生えてきて、いわゆる「プリン状態」になりますから、カラーリングが永遠に繰り返されていくことになります。

「シエロ ムースカラー」の素顔

実際、どんな成分で染めているのか、染毛剤（医薬部外品）の「シエロ ムースカラー」（より明るいライトブラウン）の成分を見ていきましょう。

藤原紀香がＣＭで「シエロで〝大人カラーリング〟はじめよう。ワンプッシュのムースは手ぐしで伸ばす。それだけ！　ムラもない、キレイな髪色を楽しもう。取り置きできるシエロ ムースカラー」

と紹介しています。成分の紹介では、天然ツヤ成分配合として、グレープシードオイル（毛髪保護成分）、ユーカリオイル（毛髪保護成分）、月見草オイル（毛髪保護成分）。ケア成分配合として、海洋コラーゲン（うるおい成分）、アロエエキス（毛髪保護成分）。やさしいフローラルの香りで気になるにおいを抑えるなどの特徴を前面に出しています。

しかし、成分を見てみると（44ページ）、有効成分として、1剤では5－アミノオルトクレゾール、パラアミノフェノール、パラフェニレンジアミン、レゾルシン、2剤では過酸化水素水が使用されています。

さらに、合成界面活性剤（POE（10）POP（30）、POEオレイルエーテル、POEセチルエーテル、POE（2）ラウリルエーテル、POE（4・2）ラウリルエーテル、ベヘントリモニウムクロリド、ラウリルトリモニウムクロリド、POE還元ラノリン、POEセチルエーテル、ステアルトリモニウムクロリド）、合成ポリマー（PEG－8、アクリルアミド・アクリル酸・塩化ジメチルジアリルアンモニウム共重合体液）、タール色素（赤106、黄203）、防腐剤のフェノキシエタノールなどでつくられています。

水と油を混ぜ合わせたり、化粧品に含まれる化学物質をヒフに浸透させたりするための原料が合成界面活性剤で、石油だけではなくさまざまな天然成分からも合成されています。ヒフ表層の脂質を流失させ、たんぱく質を変性してヒフのバリア機能を壊す成分です。

合成ポリマーには、合成樹脂、合成ゴム、合成オイル、合成セルロースなどがあります。やわらかくべたつかない、腐らない、酸化しない、つけ心地がよいなどの理由からヘアケア商品にも使われています。トリートメントは、陽イオン性合成ポリマーや陽イオン合成界面活性剤が主成分です。髪はクシ通りもよく、サラサラになったように見えますが、髪の毛は合成樹脂、湿潤剤で包まれ、頭皮に付着します。通気性に乏しく、髪をラップで覆っているような状態です。

タール色素は、合成着色料である石油タールから合成された色素で、発がん性や催奇形性などが確認されています。

酸化染料＝有効成分

有効成分と聞くと髪によさそうなイメージですが、「酸化染料＝有効成分」です。

１９９１年（平成３年）、厚生省薬務局長によって「染毛剤製造（輸入）承認基準について」が各都道府県知事あてに通達され、染毛、脱染及び脱色の効能をうたう医薬部外品すべてにこの基準が適用されることになりました。有効成分の種類・分量・規格、添加剤の種類・規格・分量、剤型、用法・用量、効能（効果）などが決められています。

そして、有効成分の基準には、酸化染毛剤、非酸化染毛剤、脱色・脱染剤、酸化染毛剤の酸化剤又は脱色剤・脱染剤の酸化剤、酸化染毛剤の酸化助剤または脱色剤・脱染剤の酸化助剤があります。

通称ジアミンと呼ばれているパラフェニレンジアミンは、代表的な酸化染料です。

化粧品＆医薬部外品の表示

２００２年の化粧品の規制緩和後、化粧品として承認されている染毛料であるトリートメントカラーに使用可能な染料であるＨＣ染料（ノニオン性染料を使用した染毛剤）、両性染料及びカチオン性染料（塩基性染料）が許可されました。ＨＣとは「ヘアカラー」の意味です。直接染料の一種で、トリートメント剤に配合すると感触がよいといった特徴があります。

化粧品の全成分表示は原則、配合量の多い順に表示します。ただし、１％未満成分は順不同でもよく、１％未満であるエキス類、添加物類、香料などはまとめて表示、着色剤は最後にまとめて表示となっています。

２００６年４月から、医薬部外品の全成分表示がはじまりました。医薬部外品は、有効成分とその他の成分に分けて表示されますが、その他の成分と一緒に表記して「有効成分」をわかるような表示も見られます。化粧品の成分表示と違って、医薬部外品は順不同なため、多い順、少ない順などにばらつきが出ています。また、化粧品と医薬部外品の成分名は同一成分であっても異なる場合がありま す。医薬部外品は薬事法で定められた規格名、別名で記載することになっているため、化粧品と同じ成分であっても表示名が違っていてわかりずらいのが難点です。

売れ行きカラーリング剤商品

市販されている染毛剤（19商品）＆染毛料（９商品）の成分、キャッチなどを見ていきましょう（２０１２年発売当時）。

染毛剤（医薬部外品）

永久染毛剤（パーマネントヘアカラー、ヘアダイ、白髪染め、おしゃれ染め）、ヘアブリーチ（脱色剤、脱染剤）＊酸化染料

花王				メーカー名
	商品名：**ブローネ 泡カラー** カラー：クリアブラウン		商品名：**ブローネ 泡カラー** カラー：ライトブラウン	商品
花王泡ヘアカラー BC11 1液（医薬部外品） 成分：パラアミノフェノール*、トルエン-2, 5-ジアミン*、レゾルシン*、パラアミノオルトクレゾール*、精製水、POEラウリルエーテル酢酸Na、エタノール、炭酸水素アンモニウム、ヤシ油脂肪酸アシルグルタミン酸Na、強アンモニア水、PPG、塩化ジメチルジアリルアンモニウム・アクリル酸共重合体液、アルキルグリコシド、MEA、POE(23)ラウリルエーテル、香料、無水亜硫酸Na、POEアルキル(12～14)エーテル、水酸化ナトリウム、アスコルビン酸、安息香酸塩、エデト酸塩、ローヤルゼリーエキス、アルギニン、長鎖二塩基酸ビス3-メトキシプロピルアミド、水解シルク液、ノバラエキス、BG、無水エタノール *は「有効成分」無表示は「その他の成分」		花王泡ヘアカラー BN4 1液（医薬部外品） 成分：パラアミノフェノール＊、メタアミノフェノール＊、トルエン-2,5-ジアミン＊、レゾルシン＊、パラアミノオルトクレゾール＊、精製水、エタノール、アルキルグリコシド、POE(23)ラウリルエーテル、ヤシ油脂肪酸アシルグルタミン酸Na、炭酸水素アンモニウム、POEアルキル(12~14)エーテル、MEA、塩化ジメチルジアリルアンモニウム・アクリル酸共同合体液、PG、PPG、強アンモニア水、香料、無水亜硫酸Na、アスコルビン酸、水酸化ナトリウム、ミリスチルアルコール、ミリスチン酸、ルエデト酸塩、安息香酸塩、ローヤルゼリーエキス、水解シルク液、無水エタノール ＊は「有効成分」。無表示は「その他の成分」		成分（1剤）
33mℓ		32mℓ		内容量
花王ヘアカラーBC 2液b（医薬部外品） 成分：過酸化水素水*、精製水、セタノール、ステアルトリモニウムクロリド、POEセチルエーテル、ミリスチルアルコール、ヒドロキシエタンジホスホン酸液、硫酸オキシキノリン-2、水酸化ナトリウム液、リン酸 *は「有効成分」無表示は「その他の成分」		花王ヘアカラーBN 2液（医薬部外品） 成分：過酸化水素水＊、精製水、セタノール、ステアルトリモニウムクロリド、POEセチルエーテル、ミリスチルアルコール、ヒドロキシエタンジホスホン酸液、硫酸オキシキノリン-2、水酸化ナトリウム液、リン酸 ＊は「有効成分」。無表示は「その他の成分」		成分（2剤）
67mℓ		48mℓ		内容量
花王 アフターカラーヘアパック ヘアトリートメント 成分：水、ステアリルアルコール、ジメチコン、ステアロキシプロピルジメチルアミン、DPG、グリコール酸、(ヒドロキシステアリン酸/ステアリン酸/ロジン酸)ジペンタエリスリチル、ラノリン脂肪酸、乳酸、ハイブリッドヒマワリ油、ビスメトキシプロピルアミドイソドコサン、エタノール、ヒドロキシステアリン酸水添ヒマシ油、アモジメチコン、セテアレス-7、セテアレス-25、(ビスイソブチルPEG-15/アモジメチコン)コポリマー、エタノール、ベンジルアルコール、トルエンスルホン酸、リンゴ酸、PPG-34ステアレス-3、PEG-45M、ツバキ油、オタネニンジンエキス、アロエベラエキス-1、BG、加水分解コンキオリン、ゲットウ葉エキス、ローヤルゼリーエキス、カラメル、香料		花王 アフターカラーヘアパック ヘアトリートメント 成分：水、ステアリルアルコール、ジメチコン、ステアロキシプロピルジメチルアミン、DPG、グリコール酸、(ヒドロキシステアリン酸／ステアリン酸／ロジン酸)ジペンタエリスリチル、ラノリン脂肪酸、乳酸、ハイブリッドヒマワリ油、ビスメトキシプロピルアミドイソドコサン、ヒドロキシステアリン酸水添ヒマシ油、アモジメチコン、セテアレス-7、セテアレス-25、(ビスイソブチルPEG-15／アモジメチコン)コポリマー、エタノール、ベンジルアルコール、トルエンスルホン酸、リンゴ酸、PPG-34ステアレス-3、PEG-45M、ツバキ油、オタネニンジンエキス、アロエベラエキス-1、BG、加水分解コンキオリン、ゲットウ葉エキス、ローヤルゼリーエキス、カラメル、香料		成分（ヘアパック）
8g		8g		内容量
白髪用ヘアカラー		白髪用ヘアカラー		用途
1,000円（税込）		1,080円（税込）		価格
10色		12色		カラーバリエーション
全体染め用（1回使いきりタイプ）・放置時間20分※部分染めには、クリームタイプをおすすめします。セミロングヘア1回分		全体染め用（1回使いきりタイプ）・放置時間20分※部分染めには、クリームタイプをおすすめします。●ミディアムヘア～セミロングヘア1回分※髪の量の多い方は2箱ご用意ください。		使用方法
明るい髪色カラーセレクション　後ろや内側の白髪まで染まる　アフターカラーヘアパックつき		生えぎわまで深く染まる　アフターカラーヘアパックつき　ツンとしたにおいをおさえた処方		キャッチ
飯島直子（カラーセレクション）		高島礼子		CMタレント（2012年10月現在）
http://www.kao.co.jp/blaune/products/cs.html		http://www.kao.co.jp/blaune/awa/index.html		HP
花王株式会社　お客様相談室 0120-165-692				販売者/製造者

花王		メーカー名
 **商品名** リーゼ プリティア泡カラー 髪もどし **カラー** ナチュラルブラック	 **商品名** リーゼ プリティア泡カラー **カラー** マシュマロブラウン	商品
花王泡ヘアカラー LP20 1液（医薬部外品） 成分：メタアミノフェノール*、トルエン-2, 5-ジアミン*、レゾルシン*、塩酸2.4-ジアミノフェノキシエタノール*、精製水、エタノール、ヤシ油脂肪酸アシルグルタミン酸Na、POE(23)ラウリルエーテル、アルキルグリコシド、POEアルキル(12〜14)エーテル、PG、強アンモニア水、塩化ジメチルジアリルアンモニウム・アクリル酸共重合体液、炭酸水素アンモニウム、PPG、無水亜硫酸Na、香料、水酸化ナトリウム、アスコルビン酸、ミリスチルアルコール、安息香酸塩、エデト酸塩、ローヤルゼリーエキス、水解シルク液、ハチミツ、キイチゴエキス、BG、無水エタノール *は「有効成分」無表示は「その他の成分」	花王泡ヘアカラー LP1 1液（医薬部外品） 成分：メタアミノフェノール*、トルエン-2, 5-ジアミン*、レゾルシン*、塩酸2.4-ジアミノフェノキシエタノール*、パラアミノオルトクレゾール*、精製水、エタノール、炭酸水素アンモニウム、ヤシ油脂肪酸アシルグルタミン酸Na、強アンモニア水、アルキルグリコシド、PG、POE(23)ラウリルエーテル、塩化ジメチルジアリルアンモニウム・アクリル酸共重合体液、POEアルキル(12〜14)エーテル、PPG、香料、無水亜硫酸Na、水酸化ナトリウム、アスコルビン酸、ミリスチルアルコール、安息香酸塩、エデト酸塩、ローヤルゼリーエキス、水解シルク液、ハチミツ、キイチゴエキス、BG、無水エタノール *は「有効成分」 無表示は「その他の成分」	成分（1剤）
40mℓ	34mℓ	内容量
花王ヘアカラーLP 2液（医薬部外品） 成分：過酸化水素水*、精製水、セタノール、ステアルトリモニウムクロリド、POEセチルエーテル、ミリスチルアルコール、ヒドロキシエタンジホスホン酸液、硫酸オキシキノリン-2、水酸化ナトリウム液 *は「有効成分」無表示は「その他の成分」	花王ヘアカラーLP 2液（医薬部外品） 成分：過酸化水素水*、精製水、セタノール、ステアルトリモニウムクロリド、POEセチルエーテル、ミリスチルアルコール、ヒドロキシエタンジホスホン酸液、硫酸オキシキノリン-2、水酸化ナトリウム液 *は「有効成分」 無表示は「その他の成分」	成分（2剤）
60mℓ	66mℓ	内容量
花王 アフターカラーヘアパック ヘアトリートメント 成分：水、ステアリルアルコール、ジメチコン、ステアロキシプロピルジメチルアミン、DPG、グリコール酸、(ヒドロキシステアリン酸/ステアリン酸/ロジン酸)ジペンタエリスリチル、ラノリン脂肪酸、乳酸、ハイブリッドヒマワリ油、ビスメトキシプロピルアミドイソドコサン、ヒドロキシステアリン酸水添ヒマシ油、アモジメチコン、セテアレス-7、セテアレス-25、(ビスイソブチルPEG-15/アモジメチコン)コポリマー、エタノール、ベンジルアルコール、トルエンスルホン酸、リンゴ酸、PPG-34ステアレス-3、PEG-45M、ツバキ油、オタネニンジンエキス、アロエベラエキス-1、BG、加水分解コンキオリン、ゲットウ薬エキス、ローヤルゼリーエキス、カラメル、香料	花王 アフターカラーヘアパック ヘアトリートメント 成分：水、ステアリルアルコール、ジメチコン、ステアロキシプロピルジメチルアミン、DPG、グリコール酸、(ヒドロキシステアリン酸/ステアリン酸/ロジン酸)ジペンタエリスリチル、ラノリン脂肪酸、乳酸、ハイブリッドヒマワリ油、ビスメトキシプロピルアミドイソドコサン、ヒドロキシステアリン酸水添ヒマシ油、アモジメチコン、セテアレス-7、セテアレス-25、(ビスイソブチルPEG-15/アモジメチコン) コポリマー、エタノール、ベンジルアルコール、トルエンスルホン酸、リンゴ酸、PPG-34ステアレス-3、PEG-45M、ツバキ油、オタネニンジンエキス、アロエベラエキス-1、BG、加水分解コンキオリン、ゲットウ葉エキス、ローヤルゼリーエキス、カラメル、香料	成分（ヘアパック）
8g	8g	内容量
黒髪用ヘアカラー	黒髪用ヘアカラー	用途
798円（税込）	798円（税込）	価格
22色	22色	カラーバリエーション
セミロングヘア（肩から脇の下くらいの長さ）1回分※髪の量が多い方は2箱ご用意ください。・白髪用ではありません。・使い切りタイプ	セミロングヘア（肩から脇の下くらいの長さ）1回分※髪の量が多い方は2箱ご用意ください。・白髪用ではありません。・使い切りタイプ	使用方法
洗い流すヘアパックつき 髪色もどし もっちり泡でムラなくキレイ 高純度はちみつ配合（うるおい成分） ツンとしたにおいをおさえた処方	洗い流すヘアパックつき もっちり泡でムラなくキレイ 高純度はちみつ配合（うるおい成分） ツンとしたにおいをおさえた処方	キャッチ
佐々木希		CMタレント（2012年10月現在）
http://www.kao.co.jp/prettia/products/index.html		HP
花王株式会社 お客様相談室 0120-165-692		販売者/製造者

ホーユー				メーカー名
	商品名：ビゲン 香りのヘアカラー クリーム		商品名：ビゲンA	商品
	カラー：明るいライトブラウン		カラー：黒色	
ビゲン 香りのヘアカラー クリーム1剤 3 (医薬部外品) 有効成分：5-アミノオルトクレゾール、パラアミノフェノール、パラフェニレンジアミン、レゾルシン その他の成分：BG、HEDTA・3Na液、POEセチルエーテル、アスコルビン酸、アミノエチルアミノプロピルメチルシロキサン・ジメチルシロキサン共重合体、アロエエキス-2、塩化トリメチルアンモニオヒドロキシプロピルヒドロキシエチルセルロース、オリブ油、海藻エキス-1、強アンモニア水、ジグリセリン、ステアリルアルコール、ステアリン酸PEG、セタノール、ヒアルロン酸Na-2、ベヘニルアルコール、ポリ塩化ジメチルメチレンピペリジニウム液、無水亜硫酸Na、モノエタノールアミン、ワセリン、黄203、香料		ビゲンA（２）＜医薬部外品＞ 有効成分：パラアミノフェノール、メタアミノフェノール、硫酸パラフェニレンジアミン、過ホウ酸Na（1水和物） その他の成分：CMC・Na、アルギン酸Na、乾燥炭酸Na、ステアリン酸Mg、スルホコハク酸ラウリル2Na、ムクロジエキス、香料		成分（1剤）
40 g		6g		内容量
HC オキサイド（B）2剤（医薬部外品） 有効成分：過酸化水素水 その他の成分：PG、POE(20)POP(4)セチルエーテル、POEセチルエーテル、イソステアリルアルコール、クエン酸、ステアルトリモニウムクロリド、セタノール、フェノキシエタノール				成分（2剤）
40 g				内容量
ヘアカラー白髪用		粉末白髪染		用途
798円（税込）		415円（税込）		価格
12色		3色		カラーバリエーション
1箱全量でショートヘア（髪全体）約1回分。髪の量が多い方は２箱ご用意ください。チューブに残った薬剤は次回ご使用になれます。		・水でとくだけで染められます。・必要なだけ小分けができます。部分染めや男性にも適しています。		使用方法
ツンとしない、ほのかな香り。髪色きれいに染まる。　うるおい成分ヒアルロン酸配合　クリームタイプだからタレにくく、部分染めに便利　残りは次に取って置けます。		水で溶いて使う、小分けができる粉末タイプの白髪染め		キャッチ
榊原郁恵				CMタレント（2012年10月現在）
http://www.bigen.jp/hair_color/index.html		http://www.bigen.jp/catalog/bigen.html		HP
ホーユー株式会社　お客様相談室 052-935-9941				販売者/製造者

ホーユー		メーカー名
 **商品名** **シエロ ムースカラー** **カラー** より明るいライトブラウン	 **商品名** **ビゲン ヘアカラーDX クリーミーフォーム** **カラー** より明るいライトブラウン	**商品**
シエロ ヘアカラーMS(B) 2 1剤（医薬部外品） 有効成分：5-アミノオルトクレゾール、パラアミノフェノール、パラフェニレンジアミン、レゾルシン その他の成分：BG、HEDTA・3Na2水塩、LPG、PEG-8、POEオレイルエーテル、POEセチルエーテル、POE(2)ラウリルエーテル、POE(4.2)ラウリルエーテル、アクリルアミド・アクリル酸・塩化ジメチルジアリルアンモニウム共重合体液、アスコルビン酸、アロエエキス-2、イソプロパノール、塩化アンモニウム、強アンモニア水、水溶性コラーゲン液-3、セタノール、月見草油、尿素、ブドウ種子油、ヘキシルデカノール、ベヘニルアルコール、ベヘントリモニウムクロリド、ポリ塩化ジメチルメチレンピペリジニウム液、無水亜硫酸Na、モノエタノールアミン、ユーカリ油、ラウリルジメチルベタイン、ラウリルトリモニウムクロリド、赤106、黄203、香料	ビゲン FMヘアカラー（B）2 1剤（医薬部外品） 有効成分：5-アミノオルトクレゾール、トルエン-2, 5-ジアミン、パラアミノフェノール、パラフェニレンジアミン、レゾルシン その他の成分：POEアルキル(12～14)エーテル、POE(21)ラウリルエーテル、アスコルビン酸、イソプロパノール、エタノール、オクチルドデカノール、強アンモニア水、ジエチレントリアミン5酢酸5Na液、ステアルトリモニウムクロリド、タウリン、炭酸K、テアニン、ミリスチルアルコール、モノエタノールアミン、ラウリルトリモニウムクロリド、香料	**成分**（1剤）
50 g	50mℓ	**内容量**
MS オキサイド（A） 2剤（医薬部外品） 有効成分：過酸化水素水 その他の成分：DPG、LPG、PG、POE還元ラノリン、POEセチルエーテル、ステアルトリモニウムクロリド、セタノール、ヒドロキシエタンジホスホン酸液、ヒドロキシエタンジホスホン酸4Na液、フェノキシエタノール、ミリスチルアルコール	ビゲン FMヘアカラー（A） 2剤（医薬部外品） 有効成分：過酸化水素水 その他の成分：DPG、POEアルキル(12～14)エーテル、POE・ジメチコン共重合体、POE(21)ラウリルエーテル、安息香酸Na、塩化トリメチルアンモニオヒドロキシプロピルヒドロキシエチルセルロース、セチル硫酸Na、ヒドロキシエタンジホスホン酸、フェノキシエタノール、ミリスチルアルコール、ラウレス硫酸Na	**成分**（2剤）
50 g	50mℓ	**内容量**
ヘアカラー白髪用	ヘアカラー白髪用	**用途**
1,050円（税込）	933円（税込）	**価格**
13色	10色	**カラーバリエーション**
1箱全量でセミロングヘア（肩につく程度）約1回分※髪の量が多い方は2箱ご用意ください。 ボトルに残った薬剤は次回ご使用になれます。※部分染めには、クリームタイプをおすすめします。	セミロングヘア（肩につく程度）の方は全量使用してください。※使用量が少ないと充分に染まりません。髪の量が多い方は2箱ご用意ください。分けて使うことはできません。	**使用方法**
より明るいベーシックなブラウン 押すだけムースの簡単ワンプッシュ ムラなく染まり なめらかな仕上がり 残りは取り置きできます 自然なツヤ 美しい髪色 やさしいフローラルの香り	おしゃれな白髪染め クリームみたいに密着する泡質 根元から染まる ほのかな香り 色持ち成分配合 全体染めに便利	**キャッチ**
藤原紀香	木佐彩子	**CMタレント**（2012年10月現在）
http://www.cielo.jp/01commodity/01moussecolor.html	http://www.bigen.jp/creamy_foam/index.html	**HP**
ホーユー株式会社 お客様相談室 052-935-9941		**販売者/製造者**

ホーユー		メーカー名
 **商品名** **シエロ ヘアカラーEX クリーム** **カラー** ライトブラウン	 **商品名** **シエロ ヘアカラーEX ミルキー** **カラー** より明るいライトブラウン	**商品**
シエロ ヘアカラークリーム(A)4 1剤（医薬部外品） 有効成分：5-アミノオルトクレゾール、パラアミノフェノール、パラフェニレンジアミン、メタアミノフェノール、レゾルシン その他の成分：HEDTA・3Na2水塩、PEG-8、POEオレイルエーテル、POEステアリルエーテル、アスコルビン酸、アラキルアルコール、エチルヘキサン酸セチル、強アンモニア水、水溶性コラーゲン液-3、ステアリルアルコール、ステアルトリモニウムクロリド、タウリン、チオグリコール酸アンモニウム、月見草油、ブドウ種子油、ポリ塩化ジメチルメチレンピペリジニウム液、マイクロクリスタリンワックス、無水亜硫酸Na、ユーカリ油、黄203、香料	シエロ ヘアカラーミルキー(A)2 1剤（医薬部外品） 有効成分：5-アミノオルトクレゾール、トルエン-2, 5-ジアミン、パラアミノフェノール、5-(2-ヒドロキシエチルアミノ)-2-メチルフェノール、メタアミノフェノール、硫酸パラメチルアミノフェノール、レゾルシン その他成分：HEDTA・3Na液、PEG(20)、POEセチルエーテル、POE(2)ラウリルエーテル、POE(21)ラウリルエーテル、アスコルビン酸、アラキルアルコール、強アンモニア水、高重合ジメチコン-1、ジグリセリン、水溶性コラーゲン液-3、ステアリルアルコール、ステアルトリモニウムクロリド、タウリン、月見草油、パラベン、ブドウ種子油、ポリ塩化ジメチルメチレンピペリジニウム液、ミツロウ、無水亜硫酸Na、ユーカリ油、ワセリン、黄203、香料	**成分**（1剤）
40g	50g	**内容量**
シエロ ヘアカラークリーム 2剤（医薬部外品） 有効成分：過酸化水素水 その他の成分：DPG、POEベヘニルエーテル、イソプロパノール、クエン酸、クエン酸Na、ジメチコン、ステアリン酸ステアリル、セタノール、ヒドロキシエタンジホスホン酸液、ヒドロキシエタンジホスホン酸4Na液、フェノキシエタノール、ベヘニルアルコール、ベヘントリモニウムクロリド、ミリスチル硫酸Na、ラノリン	HL オキサイド（A） 2剤（医薬部外品） 有効成分：過酸化水素水 その他成分：DPG、PG、POE還元ラノリン、POEセチルエーテル、吸着精製ラノリン、ステアルトリモニウムクロリド、セタノール、ヒドロキシエタンジホスホン酸、ヒドロキシエタンジホスホン酸4Na、フェノキシエタノール、ラノリン	**成分**（2剤）
40g	75mℓ	**内容量**
ヘアカラー白髪用	ヘアカラー白髪用	**用途**
933円（税込）	874円（税込）	**価格**
15色	14色	**カラーバリエーション**
1箱全量でショートヘア(髪全体)約1回分。※髪の量が多い方は2箱ご用意ください。　ボトルに残った薬剤は次回ご使用になれます。)※ノズル部は洗ってください。	1箱全量でセミロングヘア（肩につく程度）約1回分です。髪の量が多い方は2箱ご用意ください。　分割使用できません。残った混合乳液はすぐに洗い流して捨ててください。	**使用方法**
やや明るいベーシックなブラウン　自然なツヤ、美しい髪色　まぜる手間なし簡単ワンプッシュ　根元もしっかり小分けもできる　しっかり染まる早染めクリームタイプ　ツヤ＆ケア成分配合　やさしいフローラルの香り	自然なツヤ、美しい髪色　出やすさアップ！　片手でとかすだけ簡単コーム　仕上がりしっとり　しっかり染まる早染め乳液タイプ　ツヤ＆ケア成分配合　やさしいフローラルの香り	**キャッチ**
藤原紀香		**CMタレント**（2012年10月現在）
http://www.cielo.jp/01commodity/02haircolorex_cream.html	http://www.cielo.jp/01commodity/03haircolorex_milky.html	**HP**
ホーユー株式会社　お客様相談室 052-935-9941		**販売者/製造者**

ホーユー		メーカー名
 商品名：ビューティラボ ふりふりホイップ ヘアカラー カラー：スイートブラウン	 商品名：ビューティラボ ヘアカラー カラー：ナチュラルブラウン	商品
B ヘアカラーW（A） 15 1剤（医薬部外品） 有効成分：硫酸トルエン-2,5-ジアミン、硫酸パラアミノフェノール、硫酸メタアミノフェノール、レゾルシン その他の成分：CMC・Na、HEDTA・3Na2水塩、アスコルビン酸、エデト酸塩、乾燥炭酸Na、β-シクロデキストリン、ステアリン酸Mg、スルホコハク酸ラウリル2Na、バレイショデンプン、ヒドロキシエチルセルロース、硫酸Na、硫酸アンモニウム	ビューティラボ　ヘアカラー（B） 10 1剤（医薬部外品） 有効成分：トルエン-2, 5-ジアミン、パラアミノフェノール、レゾルシン その他の成分:BG、POEオレイルエーテル、POEステアリルエーテル、POEベヘニルエーテル、アスコルビン酸、アミノエチルアミノプロピルメチルシロキサン・ジメチルシロキサン共重合体、エチルヘキサン酸セチル、塩化ヒドロキシエチルセルロースジメチルジアリルアンモニウム、α-オレフィンオリゴマー、強アンモニア水、軽質流動イソパラフィン、高重合PEG、高重合ジメチコン-1、ジエチレントリアミン5酢酸5Na液、ジグリセリン、ステアリルアルコール、ステアリン酸、ステアルトリモニウムクロリド、タウリン、テアニン、ハチミツ、ベヘニルアルコール、ポリ塩化ジメチルメチレンピペリジニウム液、ミツロウ、無水亜硫酸Na、モノエタノールアミン、ラノリン、香料	成分（1剤）
25g	40g	内容量
B ヘアカラーW（A） 2剤（医薬部外品） 有効成分：過酸化水素水 その他の成分：DPG、POE（12）アルキル（12～14）エーテル、アミノエチルアミノプロピルメチルシロキサン・ジメチルシロキサン共重合体、安息香酸Na、塩化ジメチルジアリルアンモニウム・アクリルアミド共重合体液、セトリモニウムクロリド、乳酸、乳酸Na液、ヒドロキシエタンジホスホン酸、フェノキシエタノール、ポリ塩化ジメチルメチレンピペリジニウム液、ヤシ油脂肪酸アミドプロピルベタイン液、ラウリルトリモニウムクロリド、香料	ビューティラボ　2剤（医薬部外品） 有効成分:過酸化水素水 その他の成分:DPG、PG、POE還元ラノリン、POEセチルエーテル、吸着精製ラノリン、ステアルトリモニウムクロリド、セタノール、ヒドロキシエタンジホスホン酸、ヒドロキシエタンジホスホン酸4Na、フェノキシエタノール	成分（2剤）
125mℓ	80mℓ	内容量
B アフターカラー美容液（A） 洗い流さないヘアトリートメント 水、シクロメチコン、ジメチコン、セタノール、グリセリン、ベヘントリモニウムメトサルフェート、加水分解コンキオリン、オクタメチルトリシロキサン、ポリクオタニウム-51、アミノプロピルジメチコン、ラノリン、酒石酸、BG、メチルパラベン、香料	ビューティラボ アフターカラー美容液（A） 洗い流さないヘアトリートメント 水、ジメチコン、PG、エタノール、グリセリン、ミリスチルアルコール、ハチミツ、タウリン、テアニン、加水分解コンキオリン、ラノリン、酒石酸、メトキシケイヒ酸オクチル、アミノプロピルジメチコン、セトリモニウムクロリド、ステアルトリモニウムクロリド、ラウレス-2、ラウレス-21、エチドロン酸4Na、メチルパラベン、エチルパラベン、プロピルパラベン、香料	成分（ヘアパック）
5mℓ	5mℓ	内容量
ヘアカラー黒髪用	ヘアカラー黒髪用	用途
789円（税込）	700円（税込）	価格
18色	15色	カラーバリエーション
1箱全量でセミロングヘア（肩につく程度）約1回分です。髪の量が多い方は2個ご用意ください。分割使用できません。残った混合薬剤はすぐに洗い流して捨ててください。	1箱全量でセミロングヘア（肩につく程度）約1回分です。髪の量が多い方は2箱ご用意ください。分割使用できません。残った混合乳液はすぐに洗い流して捨ててください。	使用方法
タレにくいホイップ ムラなくツヤさら アフターカラー美容液つき	髪色ツヤツヤ 手触りなめらか うるおい成分はちみつ配合 すーっとのびて、ぴたっとフィット タレにくい乳液タイプ アフターカラー美容液つき	キャッチ
南明奈		CMタレント（2012年10月現在）
http://www.beautylabo.jp/whip/index.html	http://www.beautylabo.jp/coloring/index.html	HP
ホーユー株式会社　お客様相談室 052-935-9941		販売者/製造者

ダリヤ		メーカー名
 商品名 パルティ　泡パック ヘアカラー カラー カフェオレシフォン	 商品名 サロンドプロ ニオイのない 泡のヘアカラー カラー ライトブラウン	商品
パルティ ヘアカラーF〈CF〉 1剤（医薬部外品） [有効成分]：α-ナフトール、パラフェニレンジアミン、硫酸パラニトロメタフェニレンジアミン [その他の成分]：亜硫酸ナトリウム、アンモニア水、エタノール、エデト酸四ナトリウム四水塩、塩化ジメチルジアリルアンモニウム・アクリルアミド共重合体液、塩化ステアリルトリメチルアンモニウム、オレンジ果汁、海藻エキス（4）、加水分解シルク液、カルボキシビニルポリマー、グリセリン、精製水、セタノール、炭酸カリウム、炭酸水素アンモニウム、大豆たん白加水分解物、ツバキ油、濃グリセリン、ハチミツ、パラオキシ安息香酸プロピル、パラオキシ安息香酸メチル、プロピレングリコール、ポリオキシエチレンアルキル（12，13）エーテル硫酸ナトリウム（3E.O.）、ポリオキシエチレンステアリルエーテル、モモ果汁、ラウリル硫酸トリエタノールアミン、ラウリン酸アミドプロピルベタイン液、ラウロイルメチル-β-アラニンナトリウム液、リンゴ果汁、レモン果汁、L-アスコルビン酸、1，3-ブチレングリコール、香料	Sヘアカラー―NF4 1剤（医薬部外品） [有効成分]：パラアミノフェノール、パラフェニレンジアミン、5-アミノオルトクレゾール [その他の成分]：亜硫酸ナトリウム、液化石油ガス、エタノール、エタノール（96～96.5度）、塩化ステアリルトリメチルアンモニウム、海藻エキス（4）、クエン酸、クエン酸ナトリウム、グリセリン、グリセリン脂肪酸エステル、常水、ジエチレントリアミン五酢酸五ナトリウム液、ジブチルヒドロキシトルエン、水溶性コラーゲン液（3）、ステアリルアルコール、ステアリン酸、精製水、ツバキ油、ハチミツ、パラオキシ安息香酸メチル、プロピレングリコール、ポリエチレングリコール200、ポリ塩化ジメチルメチレンピペリジニウム液、ポリオキシエチレンセチルエーテル、ポリオキシエチレンラウリルエーテル（25E.O.）、ミリスチルアルコール、モノエタノールアミン、ラウリン酸アミドプロピルベタイン液、硫酸マグネシウム、流動パラフィン、レゾルシン、ローヤルゼリーエキス、DL-リンゴ酸ナトリウム、L-アスコルビン酸、1，3-ブチレングリコール、2-オクチルドデカノール、黄色202号の（1）	成分（1剤）
75g	40g	内容量
OXベースウォーター 2剤（医薬部外品） [有効成分]：過酸化水素 [その他の成分]：ジエチレングリコールモノエチルエーテル、精製水、セタノール、セチル硫酸ナトリウム、ヒドロキシエタンジホスホン酸液、フェノキシエタノール、プロピレングリコール、ポリオキシエチレンセチルエーテル、リン酸、リン酸水素二ナトリウム	Sヘアカラ―F 2剤（医薬部外品） [有効成分]：過酸化水素 [その他の成分]：液化石油ガス、ジエチレングリコールモノエチルエーテル、ステアリルアルコール、精製水、セタノール、ヒドロキシエタンジホスホン酸液、フェノキシエタノール、ポリエチレングリコール400、ポリオキシエチレンセチルエーテル、ラウリン酸アミドプロピルベタイン液、流動パラフィン、リン酸、リン酸水素二ナトリウム、2-オクチルドデカノール	成分（2剤）
75mℓ	40g	内容量
ヘア美容液 TU〈洗い流さないヘアトリートメント〉 水、PG、ジメチコン、BG、ミリスチルアルコール、グリセリン、トウツバキ種子油、アミノプロピルジメチコン、シクロペンタシロキサン、ラフィノース、ヒドロキシエチルセルロース、エタノール、ポリクオタニウム-64、ラウレス-23、ラウレス-4、ステアルトリモニウムクロリド、ベヘントリモニウムクロリド、EDTA-2Na、プロピルパラベン、メチルイソチアゾリノン、メチルパラベン、香料		成分（ヘアパック）
5mℓ		内容量
※白髪用ではありません。	ヘアカラー白髪用	用途
748円（税込）	764円（税込）	価格
16色	11色	カラーバリエーション
1箱全量でセミロング（肩に付く程度）約1回分です。髪が長い方、髪の量が多い方は2箱ご準備ください。	セミロングヘア（肩につく程度）約1回分。※部分染めには、クリームタイプをおすすめします。残った分は、次にとっておけます。	使用方法
クリーミィな泡でムラなくさらツヤ（うるおい成分）つばきオイル配合のヘア美容液付 フルーツたっぷりスイーツの香り	しっとりツヤ髪＆色持ちアップ 高純度はちみつ うるおい成分配合 色持ち持続成分配合 簡単ワンプッシュ 必要な量だけムダなく使える 無香料ヘアカラー	キャッチ
益若つばさ	杉本 彩	CMタレント （2012年10月現在）
http://www.palty-cosme.jp/#/shop	http://salondepro.jp/item_info/woman/bubble/index.html	HP
株式会社ダリヤ　お客様相談室 0120-57-2152 ／ 052-950-6955		販売者/製造者

エヌ・エル・オー	マンダム	メーカー名
 **商品名** **ロレアル パリ フェリア 3Dカラー** **カラー** #65　マロングラッセ	 **商品名** **ルシードエル ミルクジャムヘアカラー** **カラー** #きゃらめる	**商品**
ロレアル3Dカラー 1剤 6.31（医薬部外品） 1062921-成分：パラアミノフェノール※、メタアミノフェノール※、5-(2-ヒドロキシエチルアミノ)-2-メチルフェノール※、塩酸2, 4-ジアミノフェノキシエタノール※、トルエン-2, 5-ジアミン※、レゾルシン※、精製水、ラウリン酸、セトステアリルアルコール、ポリオキシエチレンアルキル(10～14)エーテル(3E.O.)、ポリオキシエチレンラウリルエーテル(12E.O.)、ポリオキシエチレンオレイルエーテル、ジステアリン酸エチレングリコール、酸化チタン、高重合メチルポリシロキサン(1)、プロピレングリコール、塩化N.N.N.N-テトラメチル-N-ヘキサメチレン-トリメチレン-ジアンモニウム共重合体液、ポリ塩化ジメチルメチレンピペリジニウム液、オレイン酸ジヒドロスフィンゴシン、シリル化処理無水ケイ酸、ピロ亜硫酸ナトリウム、チオグリコール酸、アスコルビン酸、ジエチレントリアミン五酢酸五ナトリウム液、カルボキシビニルポリマー、モノエタノールアミン、アンモニア水、香料 ※は「有効成分」※印のないものは「その他の成分	1剤 LCL ヘアカラーC（医薬部外品） 有効成分：パラアミノフェノール、パラフェニレンジアミン、レゾルシン、パラアミノオルトクレゾール、塩酸2, 4-ジアミノフェノキシエタノール その他成分：精製水、濃グリセリン、1, 3-ブチレングリコール、ステアリルアルコール、流動パラフィン、メチルポリシロキサン、ツバキ油、加水分解シルク液、パールカルクエキス、水溶性コラーゲン液(3)、ポリオキシエチレンセチルエーテル、ポリオキシエチレンステアリルエーテル、塩化ステアリルトリメチルアンモニウム、エデト酸二ナトリウム、無水亜硫酸ナトリウム、L-アスコルビン酸ナトリウム、強アンモニア水、炭酸水素アンモニウム、塩化ジメチルジアリルアンモニウム・アクリルアミド共重合体液、塩化ジメチルジアリルアンモニウム・アクリル酸共重合体液、香料	**成分**(1剤)
40g	40g	**内容量**
ロレアル ヘアカラー KC 2剤（医薬部外品） 484631J-成分：過酸化水素水※、精製水、濃グリセリン、サリチル酸ナトリウム、ヒドロキシエタンジホスホン酸四ナトリウム液、トリデセス-2酢酸アミドMEA、セトステアリルアルコール、ポリオキシエチレンセトステアリルエーテル、ピロリン酸ナトリウム、リン酸 ※は「有効成分」※印のないものは「その他の成分」	2剤 md OXウォーターS（医薬部外品） 有効成分：過酸化水素水 その他成分：精製水、ジプロピレングリコール、セタノール、ポリオキシエチレンセチルエーテル、ヒドロキシエタンジホスホン酸液、ポリオキシエチレン硬化ヒマシ油	**成分**(2剤)
60mℓ	80mℓ	**内容量**
3Dニュアンスアップトリートメント〈ヘアトリートメント〉 1087153A-成分：水、セテアリルアルコール、グリセリン、ベヘントリモニウムクロリド、アモジメチコン、セチルエステルズ、イソプロパノール、酸化チタン、セイヨウヤブイチゴ果実エキス、マイカ、カカオ脂、酢、トリデセス-12、クロルヘキシジン2HCl、アマナズナ種子油、キャンデリラロウ、メチルパラベン、セトリモニウムクロリド、アンズ核油、香料	ルシードエル アフターカラー美容液〈ヘアトリートメント〉 水、グリセリン、エタノール、セタノール、ジメチコン、イソノナン酸イソノニル、ステアラミドプロピルジメチルアミン、ステアリン酸グリセリル、乳酸、セテス-20、パンテノール、香料、橙205	**成分**(ヘアパック)
40g	5g	**内容量**
※白髪染めとしては使用できません。	※白髪用ではありません。	**用途**
1,155円(税込)	592円(税込)	**価格**
18色	5色	**カラーバリエーション**
※一箱でセミロング程度の長さまで使用できます。	※1箱でセミロングヘア(肩くらいの長さ)まで使用できます ※髪の量の多い方・髪の長い方は2箱ご準備ください	**使用方法**
プラチナのようにきらめく3Dカラー うるおってしなやかな手触り ボタニカルケア成分新配合トリートメント付	髪を小分けにしなくても とろ～りと広がり ツヤツヤな髪 髪をいたわるヘア美容液付	**キャッチ**
		CMタレント (2012年10月現在)
http://www.lorealparisjapan.jp/hair_color/feria_3d/	http://www.lucido-l.jp/product/color05.html	**HP**
エヌ・エル・オー株式会社　お客様相談室 03-6911-8483	株式会社マンダム　お客様相談室 0120-37-3337	**販売者/製造者**

シュワルツコフ ヘンケル		P&G		メーカー名
	商品名 パオン ディオーサ クリームヘアカラー 4ライトブラウン カラー ライトブラウン		商品名 ウエラトーン ツープラスワン クリームヘアカラー a 7CB カラー 明るいナチュラルブラウン	商品
パオン ディオーサ HC 4（医薬部外品） [有効成分]：5-アミノオルトクレゾール、パラアミノフェノール、パラフェニレンジアミン、メタアミノフェノール、硫酸トルエン-2, 5-ジアミン、レゾルシン [その他の成分]：流動パラフィン、セリン、アミノエチルアミノプロピルメチルシロキサン・ジメチルシロキサン共重合体、塩化トリメチルアンモニオヒドロキシプロピルグァーガム、塩化トリメチルアンモニオヒドロキシプロピルヒドロキシエチルセルロース、アルモンド油、PG、クエン酸Na、エデト酸塩、無水亜硫酸Na、アスコルビン酸、セトステアリルアルコール、POEセトステアリルエーテル、MEA、水酸化K		A剤（医薬部外品） 有効成分：パラアミノオルトクレゾール、硫酸トルエン-2, 5-ジアミン、レゾルシン、ピクラミン酸、メタアミノフェノール その他の成分：セタノール、ステアリルアルコール、ラウリル硫酸ナトリウム、自己乳化型モノステアリン酸グリセリン、ラノリンアルコール、ポリオキシエチレンラウリルエーテル硫酸ナトリウム、強アンモニア水、ジステアリン酸エチレングリコール、ヤシ油脂肪酸エチルエステルスルホン酸ナトリウム、無水亜硫酸ナトリウム、硫酸ナトリウム、香料、ヒドロキシエタンジホスホン酸液、水酸化ナトリウム、精製水		成分（1剤）
40g		45g		内容量
クリームデベロパー 40 a（医薬部外品） [有効成分]：過酸化水素水 [その他の成分]：ステアリン酸ステアリル、PG、エチルカルビトール、フェノキシエタノール、ヒドロキシエタンジホスホン酸液、POEセトステアリルエーテル、セトステアリルアルコール、ピロリン酸Na		B剤（医薬部外品） 有効成分：過酸化水素 その他の成分：セタノール、ステアリルアルコール、ラウリル硫酸ナトリウム、ラノリンアルコール、サリチル酸、リン酸水素二ナトリウム、リン酸、香料、精製水		成分（2剤）
40g		45g		内容量
ヘアエッセンス（化粧品）髪の美容液（流さないヘアトリートメント） 水、シクロペンタシロキサン、エタノール、ジメチコン、グリセリン、ポリアクリルアミド、アルガニアスピノサ核油、セリン、グリシン、グルタミン酸、アラニン、アルギニン、リシン、トレオニン、プロリン、ベタイン、PCA-Na、ソルビトール、水添ポリイソブテン、ラウレス-7、メチルパラベン、プロピルパラベン		エッセンス その他の成分：ホホバ油、アボカド油、ヒマワリ油（1）、ポリオキシエチレン硬化ヒマシ油、天然ビタミンE、パルミチン酸アスコルビル、アスコルビン酸、クエン酸、ポリエチレングリコール400		成分（ヘアパック）
10g		5.5mℓ		内容量
白髪用		おしゃれな白髪染め		用途
1,008円（税込）		1,785円（税込）		価格
10色		24色		カラーバリエーション
※1箱全量でセミロング程度の髪まで染められます。※髪が長い方、髪の量が多い方は、2箱ご用意ください。		一箱でセミロング（肩くらいの長さ）約1回分です。		使用方法
新処方!リッチカラー処方 しっかり染まって白髪浮きしにくい 深く美しく染まる カシミアのしなやかな光沢 髪の美容液つき（5回分）イヤなニオイがない		おしゃれな白髪染め 6週間、美しい髪色 色あせにくい 輝きエッセンス付ヘアカラー ひときわ輝く		キャッチ
松田聖子、神田 沙也加		森口 瑤子		CMタレント（2012年10月現在）
http://www.paon-diosa.jp/lineup/cream.html		http://www.wella.jp/products/2plus1_wc/		HP
シュワルツコフヘンケル株式会社　お客様相談室0570-032525／03-5783-4271		プロクター・アンド・ギャンブル・ジャパン株式会社　お客様相談室0120-021327		販売者/製造者

資生堂		メーカー名
	商品名 プリミエンス カラー WBe9　ウォームベージュ	商品
プリミエンス（医薬部外品）染毛剤 マルチカラーグループ アルカリタイプ 1剤 成分 レゾルシン（*）、パラフェニレンジアミン（*）、塩酸2,4─ジアミノフェノキシエタノール（*）、パラアミノフェノール（*）、メタアミノフェノール（*）、5─アミノオルトクレゾール（*）、精製水、アセチル化ヒアルロン酸ナトリウム、イソステアリルアルコール、オレイン酸デシル、オレイン酸フィトステリル、シア脂、オレンジラフィー油、アスコルビン酸、パルミチン酸セチル、大豆たん白加水分解物、大豆リン脂質、L─アルギニン、L─グルタミン酸、DL─ピロリドンカルボン酸ナトリウム液、ポリ塩化ジメチルメチレンピペリジニウム液、塩化アルキルトリメチルアンモニウム液、メチルポリシロキサン、高重合メチルポリシロキサン(1)、エデト酸二ナトリウム、ポリエチレングリコール600、ポリオキシエチレンセチルエーテル、ポリオキシエチレンベヘニルエーテル、炭酸水素アンモニウム、パラフィン、流動パラフィン、亜硫酸ナトリウム(無水)、強アンモニア水、ステアリルアルコール、ベヘニルアルコール、ゲラニオール変性アルコール、香料 *は「有効成分」無表示は「その他の成分」		成分（1剤）
80g		内容量
プリミエンス デベロッパー 6（医薬部外品） （販売名：資生堂プロフェッショナル デベロッパー 6）2剤 成分 過酸化水素水（*）、精製水、ホホバ油、ヤシ油脂肪酸アミドプロピルベタイン液、ジエチレントリアミン五酢酸五ナトリウム液、ポリ塩化ジメチルメチレンピペリジニウム液、パルミチン酸イソプロピル、セトステアリルアルコール、ポリオキシエチレンセチルエーテル、フェノキシエタノール、ポリエチレングリコール1500、リン酸　*は「有効成分」無表示は「その他の成分」		成分（2剤）
1000mℓ		内容量
		用途
1,860円（税込）		価格
1剤の種類にはマルチカラーグループ（80色）とチューニングカラーグループ（23色）の2種類の商品ががあり、合計で103色。		カラーバリエーション
プロフェッショナル技術者用		使用方法
髪色、うるおいに満ち、光を放つ。上質のその先へ…プリミエンス／水と光のテクノロジーがヘアカラーをさらなる進化へ／クリアな発色と色持ち。ダメージを軽減。／クリエーティビティを刺激する 多彩な表現力と広がる可能性／「マルチカラー」+「チューニングカラー」の新発想でヘアカラーのバリエーションは無限大に		キャッチ
		CMタレント（2012年10月現在）
http://www.pro.shiseido.co.jp/products/primience/index.html		HP
資生堂プロフェッショナル株式会社　お客様相談室 03-6218-7977		販売者/製造者

男性向け黒髪用ヘアカラー（おしゃれ染め）として、花王「プリティア メンズ泡カラー」、シュワルツコフ ヘンケル「メンズフレッシュライト ヘアカラー」などがあります。

染毛料（化粧品）

一時染毛料（テンポラリーヘアカラー、ヘアカラースプレー、ヘアカラースティック、ヘアカラークレヨン）

半永久染毛料（セミパーマネントヘアカラー、ヘアマニキュア、カラーリンス、カラートリートメント）　＊酸性染料

メーカー名	花王	
商品	 商品名：ブローネ 根元カラー	 商品名：ブローネ ヘアマニキュア
カラー	ナチュラルブラウン	ダークブラウン
成分	ブローネ 根元カラーリング ヘアマニキュアA2〈染毛料〉 成分：水、エタノール、ベンジルアルコール、エトキシジグリコール、乳酸、ヒドロキシプロピルキサンタンガム、クエン酸、水酸化Na、PEG-11メチルエーテルジメチコン、香料、褐藻エキス、BG、ローヤルゼリーエキス、加水分解シルク、橙205、黒401、赤227	ブローネ ヘアマニキュア D2（クシつき）〈染毛料〉 成分：水、LPG、エタノール、ベンジルオキシエタノール、グリコール酸、グリセリン、ヒドロキシプロピルキサンタンガム、DME、水酸化Na、BG、トリデセス－9、PEG-9 ジメチコン、PEG-11メチルエーテルジメチコン、水添ポリイソブテン、リンゴ酸、褐藻エキス、ローヤルゼリーエキス、加水分解シルク、香料、橙205、黒401、紫402、赤227
内容量	28g	72g
成分	花王リムーバーB〈洗浄料〉 成分：水、デシルグルコシド、AMP、エタノール、クエン酸	花王リムーバー（ふきとりローション） 成分：水、トリデセス-9、エタノール、ベンジルオキシエタノール、炭酸Na、炭酸水素Na
内容量	8mℓ	8mℓ
用途	白髪用ヘアマニキュア	白髪用ヘアマニキュア
価格	928円（税込）	974円（税込）
カラーバリエーション	3色	6色
使用方法	生えぎわ・分け目の使用で約４回使用できます。繰り返し使っても髪を傷めないヘアマニキュアタイプ 残りは取っておけるので何度でも使えます	ショートヘア約3回分 残りは取り置きできます。 専用リムーバー付き
キャッチ	次のヘアカラーまでの気になる白髪に 5分でぬれる! 生えぎわ・分け目 色持ち約10日間 洗い流すタイプ	やさしい香り 白髪を隠してツヤをプラス 傷まないカラーリング
CMタレント（2012年10月現在）		
HP	http://www.kao.co.jp/blaune/products/nemoto.html	http://www.kao.co.jp/blaune/products/manicure.html#color
販売者/製造者	花王株式会社　お客様相談室 0120-165-692	

ホーユー	花王	メーカー名
 **商品名** **シエロ ヘアマニキュア** **カラー** ライトブラウン	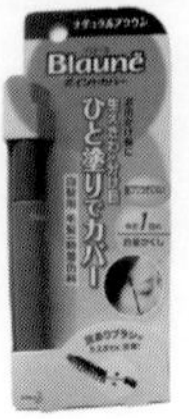 **商品名** **ブローネ ポイントカバー** **カラー** ナチュラルブラウン	**商品**
シエロヘアマニキュア(A) ライトブラウン〈化粧品〉(クシ付き) 水、エタノール、LPG、ベンジルアルコール、レブリン酸、ポリグリセリル-4ラウリルエーテル、PCA、タウリン、(ジヒドロキシメチルシリルプロポキシ)ヒドロキシプロピル加水分解コラーゲン、加水分解コンキオリン、キトサンサクシナミド、グリセリン、AMP、DME、エチドロン酸、キサンタンガム、香料、(+/-)赤102、赤227、橙205、黄203、緑204、紫401、黒401	ブローネ ポイントカバーA ナチュラルブラウン〈毛髪着色料〉 成分:エタノール、ポリシリコーン-9、フェニルトリメチコン、ポリクオタニウム-52、褐藻エキス、水、ラウレス-16、BG、硫酸Ba、黒酸化チタン、黄401、赤226、青404	**成分**
72g	7.5mℓ	**内容量**
クレンジングジェルS〈洗浄料〉 水、尿素、エタノール、亜硫酸Na、キサンタンガム、AMP、グリセリン、ベンジルアルコール、ラウレス-10、香料		**成分**
10g		**内容量**
白髪用	白髪用 毛髪一時着色料	**用途**
732円(税込)	861円(税込)	**価格**
6色	4色	**カラーバリエーション**
1箱全量でショートヘア(髪全体)約2〜3回分です。分割使用できます。ボトルに残った薬剤は次回ご使用になれます。※クシ部は洗ってください。	顔のまわりの生えぎわだけの使用で、約30回使用できます。	**使用方法**
色持ちアップ&ツルツルしなやか 海洋コラーゲン配合(うるおい成分) 簡単クシ一体型 生え際用クシと肌についたヘアマニキュアを落とすクレンジングジェル付	お出かけ前に 生えぎわ・分け目 ひと塗りでカバー 髪ゴワつきにくい 今日1日の白髪かくし 枝ありブラシが生えぎわに密着!	**キャッチ**
藤原紀香		**CMタレント** (2012年10月現在)
http://www.cielo.jp/01commodity/05hairmanicure.html	http://www.kao.co.jp/blaune/products/pointcover.html	**HP**
ホーユー株式会社　お客様相談室 052-935-9941	花王株式会社　お客様相談室 0120-165-692	**販売者/製造者**

サスティ	ホーユー	メーカー名
 **商品名** **利尻白髪かくし** **カラー** ライトブラウン	 **商品名** **シエロ コーミングカバー** **カラー** ライトブラウン	**商品**
りしり白髪かくし（染毛料）〈ライトブラウン〉 【全成分表示】水（特殊水）、変性アルコール・ポリクオタニウム-55・スクレロチウムガム・リシリコンブエキス・アルギン酸Na・ヒアルロン酸Na・ローヤルゼリーエキス・PCAイソステアリン酸PEG-60水添ヒマシ油・トコフェロール・ラベンダー油・乳酸Na・センブリエキス・オタネニンジン根エキス・ボタンエキス・アルテア根エキス・フユボダイジュ花エキス・アルニカ花エキス・ゲンチアナ根エキス・カミツレ花エキス・オドリコソウ花エキス・オランダカラシエキス・ゴボウ根エキス・セイヨウキズタエキス・ニンニクエキス・セイヨウアカマツ球果エキス・ローズマリーエキス・ローマカミツレ花エキス・カワラヨモギエキス・オクラエキス・デキストリン・ユズエキス・オオウメガサソウ葉エキス・カキタンニン・システイン/オリゴメリックプロアントシアニジン・PVP・ヒドロキシエチルセルロース・キトサン・セテアリルグルコシド・ポリ-γ-グルタミン酸Na・BG・エタノール・フェノキシエタノール・クチナシ黄・クチナシ青・シコンエキス・水溶性アナトー・4-ヒドロキシプロピルアミノ-3-ニトロフェノール・HC青2・HC黄4・塩基性青99・塩基性赤76・塩基性茶16・塩基性黄57	シエロ コーミングカバー ライトブラウン〈毛髪染色料〉 成分：エタノール、水、（メタクリロイルオキシエチルカルボキシベダイン／メタクリル酸アルキル）コポリマー、乳酸、セイヨウトチノキ種子エキス、（+/-）カーボンブラック、赤227、橙205、紫401、黒401	**成分**
20g	9mℓ	**内容量**
白髪かくし	白髪かくし	**用途**
2,980円（税込）	700円（税込）	**価格**
3色	4色	**カラーバリエーション**
気になる白髪に直接塗るスティックタイプの染毛料です。筆で塗るタイプですので、手を汚さずに素早く白髪を隠します。	フェイスラインの白髪（根元から1㎝）に使用した場合、約20回。※白髪の量や使い方により異なります。	**使用方法**
お出かけ前のひとぬり 利尻昆布エキス配合（潤い成分）自然派・無添加	【生え際・分け目用】地肌が汚れにくい クシ型マーカー 根元からとかすだけ！ その日1日の簡単白髪かくし ゴワつきにくく自然に仕上がる	**キャッチ**
	藤原紀香	**CMタレント** （2012年10月現在）
http://www.sastty.com/products/detail.php?product_id=522	http://www.cielo.jp/01commodity/06cover_combing.html	**HP**
株式会社ピュール　お客様相談室 0120-8000-10	ホーユー株式会社　お客様相談室 052-935-9941	**販売者/製造者**

DHC	サスティ	メーカー名
 **商品名** **Q10 美容液 カラートリートメント** **カラー** ライトブラウン	 **商品名** **利尻昆布 白髪用ヘアカラー トリートメント** **カラー** ライトブラウン	**商品**
DHC Q10美容液 カラートリートメント (ヘアカラートリートメント) ライトブラウン (明るいブラウン) 成分:水、ステアリルアルコール、グリセリン、ジメチコン、ステアロキシプロピルトリモニウムクロリド、セタノール、ミリスチン酸イソプロピル、PCA-Na、オリーブ油、ユビキノン、アセチルヒアルロン酸Na、セラミド3、水溶性コラーゲン、ユーカリエキス、加水分解コンキオリン、ジラウロイルグルタミン酸リシンNa、イソステアロイル加水分解シルク、ヘキサ(ヒドロキシステアリン酸/ステアリン酸/ロジン酸)ジペンタエリスリチル、乳酸、ヒドロキシエチルセルロース、PEG-90M、セトリモニウムクロリド、ベヘナミドプロピルジメチルアミン、イソステアリン酸、ラウリルグルコシド、BG、フェノキシエタノール、香料、(+/-)HC青2、HC黄4、塩基性茶16、塩基性青99、4-ヒドロキシプロピルアミノ-3-ニトロフェノール	りしりヘアカラートリートメント〈ライトブラウン〉 【全成分表示】水(特殊水)・ベヘニルアルコール・ステアラミドプロピルジメチルアミン・ミリスチルアルコール・パルミチン酸エチルヘキシル・ミツロウ・リシリコンブエキス・ローヤルゼリーエキス・アルギン酸Na・加水分解シルク・加水分解ケラチン・カキタンニン・乳酸・乳酸Na・水添ヤシ油・ローマカミツレ花エキス・ローズマリーエキス・ミリスチン酸・ボタンエキス・プラセンタエキス・フユボダイジュ花エキス・パーシック油・ニンニクエキス・トコフェロール・センブリエキス・セイヨウキズタエキス・セイヨウアカマツ球果エキス・ステアリン酸グリセリル・ゴボウ根エキス・ゲンチアナ根エキス・カワラヨモギエキス・カミツレ花エキス・オランダカラシエキス・オドリコソウ花エキス・オタネニンジン根エキス・オクラエキス・エタノール・イソペンチルジオール・アルニカ花エキス・アルテア根エキス・PEG-40水添ヒマシ油・オオウメガサソウ葉エキス・ユズエキス・キトサン・塩化ヒドロキシプロピルトリモニウムデンプン・システイン/オリゴメリックプロアントシアニジン・PVP・ヒドロキシエチルセルロース・セテアリルグルコシド・ポリ-γ-グルタミン酸Na・加水分解コンキオリン・水酸化K・BG・ポリクオタニウム-10・ヒアルロン酸Na・フェノキシエタノール・水溶性アナトー・クチナシ青・シコンエキス・ウコン根茎エキス・4-ヒドロキシプロピルアミノ-3-ニトロフェノール・HC青2・HC黄4・塩基性青99	**成分**
235g	200g	**内容量**
白髪用カラートリートメント	白髪用ヘアカラートリートメント	**用途**
2,800円(税込)	3,150円(税込)	**価格**
3色	3色	**カラーバリエーション**
*ご使用のたび、徐々に白髪に色合いを与えます。*元の髪色・髪質・白髪の量等で仕上がりが異なることがあります。	白髪用利尻ヘアカラートリートメントは、必ずサンプルでお試しの後お使いください。まずは、サンプルで色合い、仕上がり、お肌に合うかどうかをご確認ください。	**使用方法**
美容液カラートリートメント 使うたびにダメージを補修する 白髪用カラートリートメント シャンプー後のトリートメントで白髪を簡単・手軽にカラーリング! トリートメントとして毎日お使いいただけます。上品なスイートローズの香り。	天然利尻昆布エキスを贅沢に配合 昆布に含まれるミネラルが髪と頭皮に栄養と潤いを与えます 自然派・無添加	**キャッチ**
神保美喜		**CMタレント** (2012年10月現在)
http://www.dhc.co.jp/goods/goodsdetail.jsp?gCode=22269	http://www.sastty.com/products/detail.php?product_id=14	**HP**
株式会社ディーエイチシー　お客様相談室 0120-575-370	株式会社ピュール　お客様相談室 0120-8000-10	**販売者/製造者**

ダイソー	メーカー名
 商品名：週に一度の白髪染め&トリートメント〈ブラウン〉 カラー：ブラウン	商品
Dカラーリングトリートメント P BP 成分 水、ミネラルオイル、セタノール、ラノリンロウ、ベヘニルアルコール、セトリモニウムクロリド、水添ポリイソブテン、ステアリルアルコール、グリセリン、ポリクオタニウム−10、ツバキ油、ヘンナエキス、トレハロース、グリチルリチン酸2K、ポリクオタニウム−51、ヒドロキシプロピルトリモニウム加水分解ケラチン、ステアロキシプロピルトリモニウムクロリド、加水分解コラーゲン、ベタイン、PCA−Na、ソルビトール、セリン、グリシン、グルタミン酸、アラニン、リシン、アルギニン、トレオニン、プロリン、ヒバマタエキス、クレマティスエキス、セイヨウナツユキソウ花エキス、スギナエキス、アルニカ花エキス、オドリコソウ花エキス、オランダカラシエキス、ゴボウ根エキス、セイヨウキズタエキス、ニンニクエキス、セイヨウアカマツ球果エキス、ローズマリーエキス、ローマカミツレ花エキス、クララエキス、ショウガ根エキス、センキュウエキス、トウキ根エキス、オタネニンジン根エキス、モモ葉エキス、PG、BG、エタノール、プロピルパラベン、メチルパラベン、EDTA−2Na、(＋／−)、HC黄2、HC黄4、HC青2、4−ヒドロキシプロピルアミノ−3−ニトロフェノール、塩基性青99	成分
25g	内容量
白髪染め	用途
105円(税別)	価格
3色	カラーバリエーション
ショートヘア 1回分	使用方法
お風呂でカンタン! 15分でつややかな染め上がり 白髪とダメージが一度にケアできる! カラーリング成分 HC色素 肌についても落ちやすい! トリートメント成分 ヘナエキス しっとり・なめらかな髪に! 輝き成分 ツバキ油 内側から輝くような髪に!	キャッチ
	CMタレント(2012年10月現在)
http://www.daiso-sangyo.co.jp/	HP
株式会社大創産業 082-420-0100	販売者/製造者

商品は2012年9月~10月、ドラッグストア、およびケンコーコムやアマゾンなどのインターネット上での購入時の販売価格、商品内容です。

男性用ブリーチとして、花王「プリティア メンズ泡ブリーチ」、花王「メンズブローネ ヘアマニキュア」、マンダム「ギャツビー ナチュラルブリーチカラー」、ホーユー「メンズビゲンワンプッシュ」、ダリヤ「サロンドプロ 白髪ぼかしカラー ブラックニュアンス」などがあります。

その後、ビゲン「ポンプフォームカラー」、レフィーネ「ヘッドスパ トリートメントカラー」、シエロ「カラートリートメント」、ドクターシーラボ「簡単ひと塗り白髪カバー」などの商品が販売されています。

染毛剤&染毛料の28商品の特徴

染毛剤「ビゲンA」は粉末の1剤タイプで、粉末状の酸化染料を水で溶いて塗るタイプです。日本独特のこの製剤タイプは1957年、ホーユーが「ビゲン」として発売しています。前年には「パオン」が発売されています。それから半世紀経って、1剤（酸化染料）と2剤（過酸化水素）を混ぜ合わせるカラーリング剤も、各社は泡タイプ商品に力を入れるようになっています。

容器では、1剤と2剤の二つの薬剤が同時に出て、混ぜる手間をはぶき、次回も仕える取り置きタイプの「2 in 1容器」、ホーユー「ビューティラボ ふりふりホイップ ヘアカラー」のように2剤の「ベースウォーター」を入れた容器に1剤の「パウダー」を入れた後、蓋をして30回以上シェイクするタイプなど、工夫がされています。

トリートメントがセットで販売されているのも特徴です。カラーリングで髪が傷むため、補修剤としてトリートメントが必要なのです。

サロン用（プロフェッショナル技術者用）である資生堂「プリミエンス」の成分を見ると、美容室で使用されるものと市販のものとは内容的にも変わらないことがわかります。

合成ヘアカラー「利尻ヘアカラートリートメント」

「利尻ヘアカラートリートメント」（サスティ）は、白髪用ヘアマニキュアブランドシェアで4年連続

1位（２０１１年～２０１４年、富士経済「化粧品マーケティング要覧」より）、２０１１年には年間楽天オリジナルコスメ大賞で総合の部1位を受賞しています。「無添加・利尻シリーズ」の販売本数は１３００万本突破（２００９年6月から２０１５年３月まで）と自社サイトで宣伝する大ヒット商品です。「天然由来28種類のうるおい成分で髪と頭皮に優しい心地!!」、「やっぱり無添加だから!!　パラベン不使用、ノンシリコーン、ジアミン系色素不使用、無香料、無鉱物油、タール系色素（法定色素）不使用、酸化剤不使用、４級アミン不使用、アレルギーテスト・パッチテスト済」を商品特徴としています。

「利尻ヘアカラートリートメント」（ライトブラウン）の成分を見ると（54ページ）、実に64の成分で製造されています。

「髪に昆布がよい」をイメージさせた商品で、昆布の色素で染まるような錯覚を覚えますが、髪を染める色素成分として、化粧品カテゴリーであるＨＣカラー（ＨＣ赤2、ＨＣ青2、ＨＣ黄４）と塩基性染料（塩基性青99）を使用しています。この２つの色素はアレルギーを起こす可能性があります。染毛料である４‐ヒドロキシプロピルアミノ‐３‐ニトロフェノールは、ＨＣ赤２の成分表示名です。

札幌のワークショップで出会った女性はこの商品を使用した直後、顔全体が腫れあがり、翌日ヒフ科に駆け込んだという経験をされたということでした。お店（「カミドコ」）に来られるお客様の中にもこの商品を使用した方も多く、「色が染まりにくかった」と言っているのを聞いています。白髪用ヘアマニキュアであって染毛剤ではありませんから、そもそも染まりもそれほど期待はできないでしょう。

「無添加＝安全」と思いがちですが、「利尻ヘアカラートリートメント」は「パラベン、香料、鉱物油」が無添加だとうたっているだけです。たしかにパラベンは無添加ですが、防腐剤としてポジティブリスト（化粧品に使用できる防腐剤で、濃度の制限がある）でもあるフェノキシエタノールが使用されています。

そして、合成界面活性剤（ステアラミドプロピルジメチルアミン、加水分解シルク、加水分解ケラチン、ステアリン酸グリセリル、ＰＥＧ－40水添ヒマシ油、塩化ヒドロキシプロピルトリモニウムデンプン、セテアリルグルコシド、加水分解コンキオリン、ポリクオタニウム－10）、合成ポリマー（ＰＶＰ、ヒドロキシエチルセルロース）が含まれています。

「利尻漁業協同組合公認の天然利尻昆布エキス」「甘草エキスなどの天然の生薬やハーブを贅沢に配合」と〝自然素材〟を強調し、また「これまでの白髪染めのように、面倒なパッチテストもいらなければ、一剤と二剤の混ぜ合わせも不要」と酸化染料のカラーリングと比較し、さらに「カラー全成分が無添加だから、素手で問題なく白髪染めをすることができます」と安全性を２０１２年には強調していました。現在は使用上の注意として、「パラフェニレンジアミン等の酸化染料を使用していない商品ですが、すべての方に皮膚刺激やアレルギーが生じないというわけではありません。ご使用の際には、毎回必ず48時間のパッチテストを行って下さい。特にお肌の弱い方、長時間洗い流さずご使用の場合はご注意下さい。」と明記するようになりました。

「利尻ヘアカラートリートメント」は、合成のヘアカラーです。「髪に良い成分を贅沢に配合」とある一方で、これだけの合成界面活性剤、合成ポリマーも含まれ、ＨＣカラー、塩基性染料で染めているのです。

薬事法には、無添加の基準はありません。「化粧品の表示に関する公正競争規約」（１９７1年10月に公正取引委員会から認定を受けて設定）に「無添加等無配合を意味する用語」によれば、ある種の成分を配合していないことを意味する「無添加」「無配合」「不使用」「フリー」などの用語を表示する場合、何を配合していないか、明示しなくてはいけません。化粧品公正取引協議会は「『○○を無添加』と表示すべし」としていますが、公正取引協議会に加入する事業者にのみ適用され、自社に都合よく「無添加」などの表記をしているメーカーは野放しのままです。

自然、無添加、天然成分配合と聞くと、肌によいのだろうと思ってしまいますが、宣伝文句に惑わされることなく、そのほかの成分（合成界面活性剤、合成ポリマー、毒性添加物など）に目を向けるようにしてください。また、「一回わずか5分程度で染められるという即効性」（「利尻ヘアカラートリートメント」は現在、1分程放置」と説明）を売りにしていますが、時間が短縮できて、便利なカラー材は合成のヘアカラーだと疑ってみてください。

永久染毛剤「リーゼプリティア 泡カラー髪色もどし」

カラーリングした髪の色を〝戻す〟商品が、就職活動前などに利用されています。

佐々木希のＣＭでお馴染みの花王の「リーゼプリティア 泡カラー 髪色もどしナチュラルブラック」（42ページ）の商品名は、「花王泡ヘアカラーＬＰ20 １液（医薬部外品）」。これは染毛剤（医薬部外品）でヘアカラーです。髪の色を「戻す」とありますが、カラーリングした髪に色をつけているのではなく、脱色して染色していることになります。

花王のサイトでも、〈「プリティア」などの黒髪用ヘアカラーは、黒髪を明るく脱色しながら、色味をプラスするように作られており、比較的明るい色が揃っています。〉と脱色することを説明しています。

高純度はちみつ、シルクエッセンス配合商品ですが、有効成分として酸化染料、過酸化水素、そして合成界面活性剤、合成ポリマーなどでつくられています。また、染毛剤で髪を傷めるため、補修剤として合成ポリマー入りの「アフターカラーヘアパック」（ヘアトリートメント）も附属されています。

生え際の色が2色になる「プリン状態」といった違和感はありませんが、髪色戻しで黒くしても髪が再生されるわけではありません。

カラーリングCMタレント

「ステキな色だな」「ツヤツヤな髪をしている」「髪のボリュームがすごい」とうっとりしてしまうほど、カラーリングのCMに出演しているタレントの髪はうらやましいほどの〝美髪〟です。

現在（2015年）、カラーリングのCMに出演しているタレントと言えば、花王「ブローネ」の高島礼子と牧瀬里穂、「リーゼプリティア」の佐々木希。ホーユー「ビゲン」の菊池桃子、「メンズビゲン」の東幹久、「シエロ」の藤原紀香、「ビューティラボ」の大政絢。ダリヤ「サロンドプロ」の鈴木砂羽と名取裕子、「パルティ」の白石麻衣。P&G「ウエラトーン」の森口瑤子。DHC「Q10美容

液　カラートリートメント」の神保美喜などです。

過去には、賀来千香子、稲森いずみ、森高千里、水島かおり、筒井真理子、村上里佳子、江角マキコ、長谷川京子、片瀬那奈、戸田恵梨香、神田うの、土屋アンナ、ベッキー、飯島直子、榊原郁恵、木佐彩子、南明奈、杉本彩、益若つばさ、舟山久美子、松田聖子、神田沙也加らも出演しています。

ＣＭタレントの髪はＣＭ撮影用の特別なものであって、ヘアメイク（アーチスト）によってつくりこみがされた髪です。ブロードライをはじめ、アイロンをかけて伸ばす熱処理によって一時的に髪の表面にツヤ感が出せます。そして、カーラで髪を巻いて、ふわっとボリューム感を出します。

見た目は傷んだ感じもなくなり、ぱさつき感がなくなったかのようですが、髪に熱を与えているだけです。トリートメントやツヤ出しスプレーで表面に光沢を出していきます。髪が傷んでいたとしてもツヤツヤに見えてきます。撮影の間、ツヤ感やボリュームは持ちますが、洗ったら元に戻ります。一時的に〝美髪〟に見えても持続性はありません。トリートメントを多用しているため表面的にはきれいに見えてしまうのです。傷んでいるから、髪に熱処理をしてごまかしているのです。

タレントのきれいそうに見える髪に憧れ、酸化染料入りの毛染めでカラーリングに走る前に、どんな成分で髪を染めているのか、まずそのメカニズム、中身に興味を持つことです。

朝から晩までテレビから、シャンプー、リンス、カラーリングのＣＭが流れる一方で、育毛、養毛料、女性用かつらのＣＭが繰り返され流れています。トリートメントは見せかけの対症療法です。髪を傷めているのがカラーリングであることに気づき、ＣＭの矛盾にももっと目を向けていきましょう。

そもそもタレントは出演している商品を日々、使用しているのでしょうか。ＣＭリテラシー（ＣＭ

を読み解く力）を持つことも、本当の美しい髪を手に入れる（取り戻す）ために必要なことです。

興味深いヘアケアのCMが2015年秋に流れました。

「ちょっと恥ずかしいけど、やっぱり髪はあの頃がいちばんキレイだったかな？　パーマやカラーもしてなかったし」と、綾瀬はるかがあの頃（16歳）といま（30歳）の自分の髪を比較していました。これは、カラーリングやパーマでダメージを受ける前の、そのままで美しい、中学や高校時代までの〝あの頃のバージンヘア〟の輝きを伝えるパンテーンのCMの一コマです。

「ダメージケア」のエキスパートブランドとして支持されているパンテーンですが、なかなか正直なメッセージだと感じます。

美容室で繰り返されていること

店頭では好みの色の商品を購入しますが、美容室では番号がついているカラーチャートを見せられて、好みの色を決めていきます。1剤（酸化染料）と2剤（酸化剤 過酸化水素水）を混ぜ、15分くらい髪につけてコーミングし、根元と毛先では染まり具合が違っていないか、色を確かめていきます。

カラーリング中、反応熱が出て熱く感じる人がいます。なかには、ひりひりすることがありますが、「カラーリングはそういうものだ」「それが当たり前だ」と思っているお客様も多いです。

カラーリングでのオーバータイムで抜け毛になって、脱毛トラブルにあった人も多いはずです。セルフでカラーリングするのと比べて、美容師は均一に染めたり、根元と毛先を統一したりぼかしたり、頭皮の状態や髪の太さなどを理解し、オーバータイムにも気をつかってカラーリングをする技術は持っています。

髪に色が入ったことを確認したら、シャンプー台へ。お湯に髪をつけて乳化させます。このとき、薬液が頭から入ってきます。もちろん美容師の手にも薬液が浸透していきます。

シャンプーで洗い流した後、ドライヤーでセットして完了です。傷んだ髪を見て、美容師はトリートメントをすすめてきます。このトリートメントはコーティング剤入りですから、サラサラした感じにはなります。しかし、元の素材はカラーリング、パーマでボロボロになっています。さらにおまけに、ヘアアイロンまでされてしまいます。

カラーリングするとだいたい1カ月で根元と色が違ってきて、「プリン状態」になってきますから、ブーメランのように美容室にまた戻ってきます。ビジネス的に考えると顧客としては都合がよいのです。

カラーブーム後、トリートメントのコーティング剤が次から次へと開発され、補修のための技術が進歩しました。しかし、これは髪を壊すことが前提となったものでしかありません。いろいろな技術を繰り返しても結果は同じ。さらに髪を壊していきます。

白髪であっても黒髪であっても、茶髪であってもどんなカラーでも脱色されていきます。壊れた髪を再生するには、傷んだ部分をカットするしかありません。トリートメントなどで髪を補修したところでよくなることはなく、髪も再生しません。

補修の技術が発達したから、「髪は壊していいんだ」「そのほうがお金になる」と思っている美容室も少なくありません。その証拠として、カラーリングやパーマをするとき、美容師は必ず「髪が傷まないようにしますね」と言います。しかし美容師は一転して、次に来店したとき、「髪が傷んでいますね」とまったく違うことを平気で言って、トリートメントをすすめたりします。

美容室では髪、素材を壊すことばかりで、その対症療法に終始し、まったく話し合いはされていません。お客様が気に入らなければ、その美容室に行かなくなるだけで、クレームすら届かない美容室も多いのです。

補修としてトリートメントなどが薬品として役立つことはわかっていても、それが見せかけであることやカラーリングの危険性もわからなければ、本来の髪の再生そのものについても理解していません。髪の再生と補修は別ものだという意識から、カラーリングが日々、されているのです。

髪の老化は個人差もあります。髪が細くなり、髪の力が弱くなり脱毛や白髪が増えたことをすべて年のせいだと思っている人が多いですが、カラー剤などの薬害で髪の老化をはやめているのであって、本来90歳の女性でも髪は再生するのです。

カラーリングを続けると白髪も増え、脱毛も増えます。しかし、傷んだ髪はカラーリングやパーマなどの薬液の問題だとは思わず、年のせいだと思っている女性がかなりいます。

髪のトラブル（薄毛、白髪、フケ、枝毛、切れ毛、抜け毛、細毛、脂性、湿疹、ダメージヘアなど）が、カラーリングやパーマによる〝薬害〟が原因ではないかと疑ってみることです。

第3章
カラーリングによるトラブル

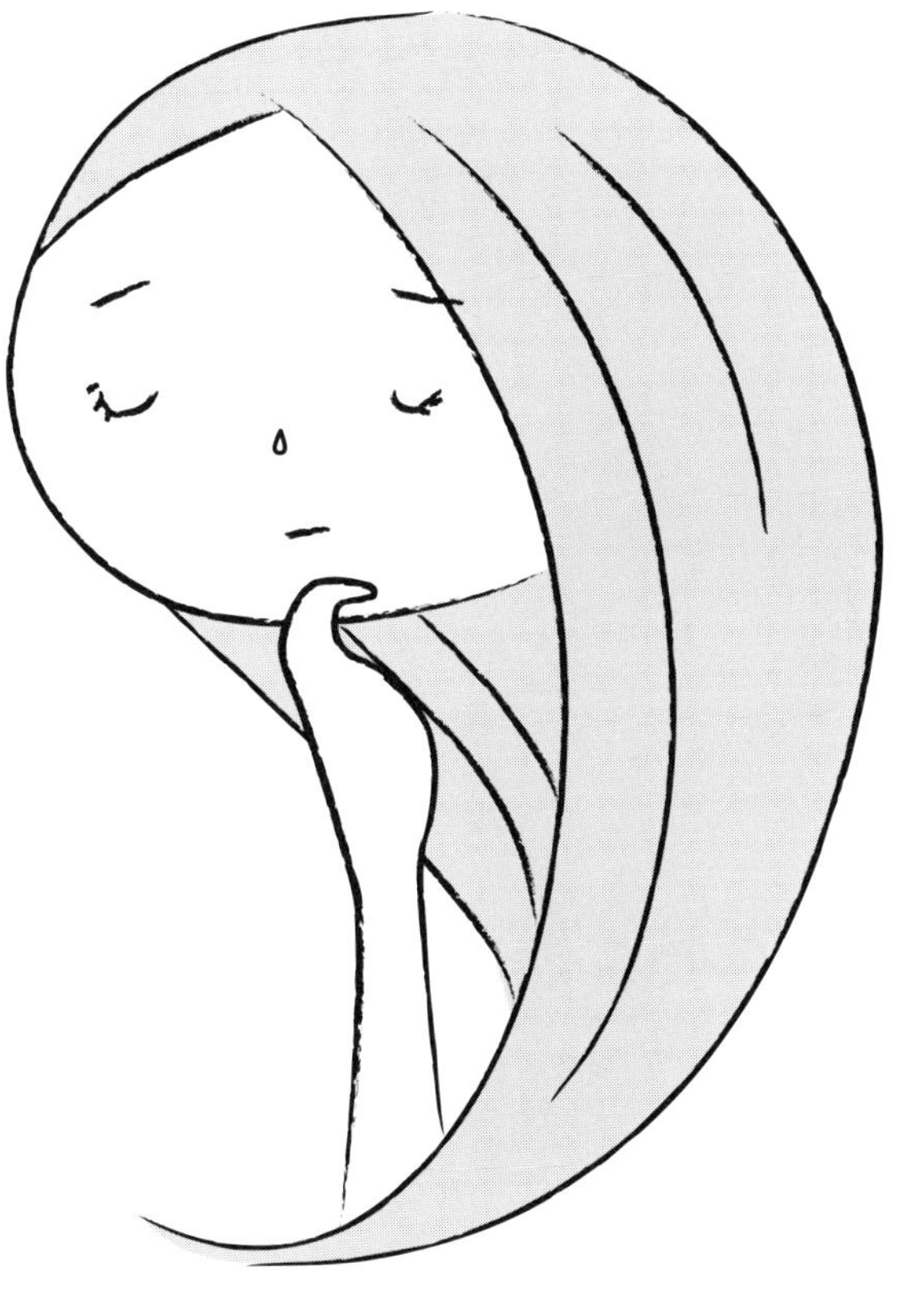

助産師からの警告

30年間で様変わりのお母さん&赤ちゃん

「生まれた赤ちゃんからヘアカラーのにおいがするんですよ」

これは、福岡県北九州の助産院「町のさんばさん」の川野敦子さん（60歳）の言葉です。川野さんは38年間、赤ちゃんをとりあげてきた助産師です。

１９７７年に助産師の免許を取得後、１９８７年4月まで北九州市立戸畑病院に勤務。その後、約10年間、フリーの助産師を続けながら、食に関しての研究や東洋医学の勉強を同時に行ないます。脳外科医との出会いから、ヘアカラーやシャンプーなどによる経皮吸収による頭皮への影響を知ります。

１９９８年、川野さんは「町のさんばさん」を設立しました。十数年前から、ヘアカラーのにおいが胎盤からするのを感じるようになったそうです。それまではシャンプー剤のにおいは感じていましたが、カラー剤のにおいにも驚くようになります。

以下、川野さんのお話です。

私が印象に残っているお母さんの出産例は、22歳と24歳のお母さんです。ふたりともずっとヘアカラーをしていて、かなり明るめのカラーに染めていました。

出産の際、ヘアカラーやシャンプー剤のにおいが複合的にしてきます。出血が多く、出産が長引き、子宮の収縮が悪いと感じることがあります。胎盤も薄く、色も薄く、また、胎盤にねばりがありません。産後も子宮内膜に炎症を起こして、熱を出す産褥熱（産褥期に産婦が発熱する病気）になります。

このような症状を持つお母さんが、以前にまして増えているように思えます。

私たちのからだをきれいにするために使われているシャンプー、リンス、ボディソープ、化粧品などの多くのものは石油を使った合成界面活性剤である化学合成物質ではないかと思われます。

これらはヒフから吸収され、10日ほどかかって肝臓や腎臓で解毒、排泄されています。しかし、その排出量は10％にも満たず、ほとんどが皮下細胞に残留し体内に蓄積されます。たとえ毎日は微量であっても何十年と積み重ねられると、からだを弱め、免疫力を低下させ、大きな病気への引き金になる恐れがあるのです。

ことにシャンプー、リンスは頭皮に直接使うものです。

東洋医学では頭皮と子宮とは密接な関係があると言われており、昔から月経時や出産後の洗髪は頭皮を冷やし子宮を冷やしてしまうので、月経血排出不全や子宮復古（子宮が元に戻ろうとすること）を遅らせてしまうことから厳禁とされてきました。

近年、さらに問題なのは、婦人科系の病気、ことに子宮内膜症、子宮筋腫、子宮体がんなどが急増していることです。10代の若い女性にも現われており、これは不妊症とも大きく関係があります。近い未来において、さらなる出生率低下となることは必然ではないでしょうか。

赤ちゃんはお母さんのお腹の中にいる間に30億倍もの細胞を増やし、一気に成長します。その成長率は生涯の中で最大限なのです。長年蓄積された化学合成物質が赤ちゃんにも影響し、免疫力低下や先天性の障害、アトピーやアレルギーといった重大な問題を抱えた病気に関与しているのです。

私は38年間、助産師として赤ちゃんやお母さんたちのお世話をさせていただく中で、お母さんも赤ちゃんも以前と大きく変わったことを実感させられています。

お母さんたちの外見はとてもきれいになりました。髪を毎日洗い、さまざまな色のカラーリングでセットをして、顔はきれいにお化粧をしています。

しかし、いざ赤ちゃんを授かるにあたって、この飽食の時代に何でも食べられるにもかかわらず、貧血が多く、栄養失調症、肥満、不妊の増加とたいへん奇妙な現象になっています。

さらに妊娠や出産においても、赤ちゃんを育てるべく子宮は弾力に欠けて軟弱で、冷えて、流産や早産といったことも増加していることは事実です。また、出産後の子宮復古も遅れがちなお母さんも多くなったように思います。

赤ちゃんの成長で必要な胎盤や卵膜（赤ちゃんを包んでいる膜）もとても軟弱になっています。色も形も曖昧で生命力を感じなくなったものが多いのです。羊水も濁りが多く、においも淡泊で、羊水が少ない人も増加しているように感じます。

また、ここ十数年前くらいから、シャンプーやリンス、ヘアカラーの染料や香料のにおいを感ずることさえあるのですから、驚きです。

お母さんたちのきれいさとは逆に、赤ちゃんのヒフが弾力がなくザラザラ、あかぎれのような状態になっていることが多いのです。昔の赤ちゃんはヒフがやわらかくてつやつやで、髪や体毛、まつ毛なども薄くてやわらかいものでしたが、いまの赤ちゃんは髪は真っ黒で多く、泡立てた石けんが頭皮に届かなくて、洗えないほどの赤ちゃんもいます。

それらはすべてお母さんが長い間、使用し、ヒフから吸収されたシャンプー、リンス、ボディソープ、化粧品、口から吸収された食品の中に含まれる化学合成物質（合成洗剤、成長ホルモン、女性ホルモンなどのホルモン物質）が原因だと言われています。

赤ちゃんも生まれてから落ち着きがありません。そして、なぜ、こんなにもに泣くのというほど、気性の起伏も激しい赤ちゃんを見かけます。

お母さん、お母さんになろうとするみなさん。あなたの子どもたちの運命、すばらしい可能性はあなたが握っています。

どうぞお願いです。赤ちゃんを授かるずっと前から、あなたの身の回りにある物、使う物にちょっと目を向け、気をつけていただけませんか。これが、これからのこの世の中を支えるあなたたちの子孫を守ることにつながっていくのです。


川野さんと私（森田）の出会いは1枚のレポート「胎盤からヘアカラーのにおいがする　今、赤ちゃんがあぶない。」でした。この衝撃的なタイトルを見て、ご本人にぜひ、確認をとりたいという思いで1週間後には北九州の助産院を訪れました。

１９９０年代にはじまったヘアカラーブーム以降、多くの人が思い思いに髪を染めはじめ、もちろん妊産婦も同様に胎児への影響などを考えず、カラーリングをしています。不妊症の女性が増えた原因の可能性が1パーセントでもあり、生命の誕生に重大な影響を与えるようなことがあるのであれば、カラーリングという選択をいますぐ考え直さなくてはいけません。

戦後、女性の暮らしや意識は変化し、喫煙、飲酒、ダイエットなどによる食の乱れや、カラーリング、マニュキュア、化粧など自分だけ、外見だけがよければよいという心や嗜好がからだに負担をかけてきたことをずっと危惧されてきた川野さんは、整体の先生とのコラボレーションで産前は運動の指導、産後はお母さん方のからだと精神の指導にも取り組んでいます。個々にも精神的な助言などをされています。ほかの助産師、ドクターで同じような考えを持つ人や賛同する方はなかなかいないというのが残念です。

しかし、「食や生活習慣を改めれば、自然修復力や自然治癒力によって元の姿に戻ることができる」という川野さんの力強いメッセージを、未来に向けて伝えていくことができたらと思います。

花王「ブローネヘアマニキュア」〝脱毛〟裁判

裁判傍聴で奈良地裁へ

花王「ブローネヘアマニキュア」を使用して脱毛したという男性が、花王を相手に裁判で闘っていることを伝える新聞記事を見つけました（2006年4月21日付『毎日新聞』夕刊、大阪では朝刊）。

〈毛髪着色料を使用した直後に、頭髪がほとんど抜け落ちたとして、奈良市の50代の男性会社員が21日までに、製造元の「花王」（東京都中央区）を相手取り、治療費や慰謝料など計約４４０万円の支払いを求める損害賠償訴訟を奈良地裁に起こした。訴状などによると、会社員は04年秋、白髪を染めるため、同社の製品「ブローネヘアマニキュア」を初めて使用。昨年2月中旬ごろに再び使ったところ、翌日に顔全体が腫れ上がり、約1カ月後に頭髪が脱毛してほとんどなくなり、まゆ毛も抜けて薄くなった。頭髪はその後生えつつあるが、元の状態には戻っていないという。原告側は「皮膚科の医師は頭皮に毛髪着色料による皮膚炎を生じたと診断している。症状が出る直前に会社員が使ったのはこの製品だけ。外箱には危険性に関する指示・警告も記載されていなかった」と主張。これに対し、花王広報部は「因果関係がないという立証も含め、裁判で明らかにしたい」とコメントした。〉

ほかの主要新聞は「スポーツニッポン」を除き、掲載されていません。花王は日本で第4位の広告宣伝費を投じる巨大スポンサーなので（当時）、メディアでは報道できないといった事情もあります。私（山中）は「あの花王を相手に裁判で闘っている人がいたなんて……」ととても興味を持ち、記事だけだとくわしい内容がわからないので、２００６年9月11日、４回目の裁判を傍聴するため、奈良地裁に行きました。

裁判そのものは「ヘアマニキュアはどれくらい売れているか？」「（ほかの人にも）症状が出てくることがどれくらいあったのか」といった質問で、花王側は「販売の公表は、企業秘密もあるかもしれないので検討する」と答えるなどで、10分もかからず終了しました。

髪は抜け、まばらに

裁判資料を民事書記官室で閲覧すると、「ブローネヘアマニキュア」による〝脱毛〟被害の全貌が見えてきました。

資料をめくっていて、まず目にとまったのは、原告（被害者）の写真でした。

「平成15年（２００３年）撮影家族」とある写真は、旅館で撮ったものか、浴衣を着ていて、「ブローネヘアマニキュア」使用後の２００５年3月下旬に撮った写真には「使用後に大量に脱毛、まばらになった」とコメントがついていました。

「脱毛症状が出る直前に使ったのはこの製品だけ。外箱に危険性に関する指示・警告が記載されていなかった」等と損害賠償４４４万円余りを求めて訴えました。

浴衣姿の男性は髪も黒く、髪の毛もしっかりあって、はげてはいません。それが「ブローネヘアマニキュア」使用後の写真を見ると、髪は抜け、まだらというか、まばら状態になっていました。少なくとも写真を見る限り、同一人物の髪だとは思えませんでした。

ヒフ科医の診断書には、「傷病名：全頭脱毛症。２００５年2月24日頭皮に染毛剤による光接触皮膚炎を生じ、３月7日までに瀰慢性脱毛に発展。3月7日よりプレドニン内服を開始し、４月11日頃より徐々に回復中である」（２００５年7月2日）とあります。プレドニンとは、合成副腎皮質ホルモン剤のことです。

製造物責任法などで損害賠償請求

50代の被害者（原告）は２００４年秋頃、白髪を染めるため「ブローネヘアマニキュア」使用説明書に従って一度、頭髪に使用。そのときは特に変化はありませんでした。染毛料を使用したのははじめてでした。

２度目に使用したのは、２００５年2月中旬。するとその翌日から「顔全体の腫れ、身体の湿疹等が生じたほか、頭皮がかぶれ、次第に頭髪、眉毛、腋毛が脱毛し始めるなどの異常が現れた」のです。すぐに使用を中止し、２月24日、３月７日にヒフ科へ。しかし脱毛は治まらず、大量の脱毛が続き、豊富にあった頭髪はほとんど脱毛し、眉毛や腋毛も同様に脱毛します。４月11日頃からわずかに発毛し、徐々に回復してきましたが、２００６年2月現在、髪は使用前に戻っていません。

治療で通ったヒフ科医は「頭皮に染毛剤による光接触皮膚炎を生じ」と診療しています。

通常では生じ得ない激しい症状であったこと、また、原告の身体に直接ふれた何らかの物質が原因であり、また症状が発生した頃、新たに使用し始めた生活用品や薬品類は花王「ブローネヘアマニキュア」以外になかったことから、身体的被害は花王「ブローネヘアマニキュア」の使用によるものとして、損害賠償請求を起こしたのです（製造物責任法第３条、民法７０９条に基づく）。

訴状が提出された日は、２００６年３月２日。訴額申立額（当初）は４４１万４９６０円（印紙代２万８０００円、納付郵券が４８００円）。証拠方法として、写真、診断書、国民生活センターからの回答書、使用説明書、ヘアマニキュア外箱、花王（被告）のＨＰを印刷したもの、治療費と帽子代の領収書が添付されていました。

これに対して、花王は「仮に皮膚トラブルとして皮膚炎が発生したとしても皮膚科に通院すれば回復する程度の軽度のものであり、それが皮膚炎の直後の脱毛が始まり、それが全頭脱毛になるなどということは到底考えられない」と反論しています。

花王からは証拠説明書として、日本毛髪科学協会関係資料、化粧品種別許可基準（平成９年版）、第７版食品添加物公定書解説書、法定色素ハンドブック改訂版、「ブローネマニキュア」使用説明書などが提出されていました。

花王の被害者への対応

裁判資料によると、原告は２００５年３月４日から、花王の消費者相談センター（大阪）に電話を何度か入れていますが、なかなか連絡が行き着きませんでした。

同18日、３回目のヒフ科受診時に花王の相談担当課長に同行してもらった際、「治療費は全額払うので、領収書を残してほしい」と言われます。しかし、その後１カ月以上経っても花王から連絡はありませんでした。

また、「抜けた髪を日本毛髪科学協会に送って調べる」と言われ、３月22日に毛髪を花王に送付したが連絡はなし。その後、原告は２００５年５月10日、原告が花王に内容証明を送り、損害賠償の方針と毛髪結果の調査結果の回答を２週間以内に求めました。

花王サイドから見た経過によると、３月12日に被害者からクレームが入り、18日に担当課長が被害者に同行し、ヒフ科を受診。その際、髪の毛の提供を依頼し、22日に届いた髪の毛を日本毛髪科学協会に25日に依頼。その後２度程度電話で問い合わせをしており、４月18日に検査結果が出ました。そして、５月10日に被害者から通知があります。

15日に電話で毛髪検査の郵送を申し出たものの断わられ、６月24日代理人からの通知書が届いています。その後、本訴まで連絡をしていません。

翌春に提訴し、口頭弁論（４月24日）後、答弁書に対する反論、被告準備書面に対する反論、ヘアマニキュアの成分に関する主張・反論と続き、私が傍聴したのが４回目でした。

安全なものだと信頼して買った

原告側は、花王の欠陥として、製造・設計上、および指示・警告上においての安全性がかけていたと指摘しています。

指示・警告上の欠陥として、

（１）被害が発生する危険性を事前に認識でき、最大限これを回避する方法を理解できるよう明確に表示すべき義務があった。

（２）被害回避のための情報ではなく、被害発生後に使用をやめることを指示していたにすぎない。

具体的に言うと、きわめて小さな文字で、「頭皮に傷など異常のある場合、異常が現れたときは使用しないで下さい。」との文言が記載されていたのみ（容器）ということです。

「お肌に合わないときは、ご使用をおやめ下さい。」（リムーバー容器）、小さいな文字で目立たない形で「化粧品がお肌に合わない時は使用を中止して下さい。」（使用説明書）とありますが、これは外箱にこそ記載されるべきであり、身体的被害が生じる危険性に関する記載は一切なされていませんでした。

「髪を傷めず」「髪にやさしい」「繰り返し使用しても、髪に負担をかけません」など身体へのダメージは少ないとの印象を与える事項ばかりが多用され、消費者に対し安全性について過度の信頼を与える表示でした。

原告はこのような表示を見て、安全なものだと信頼して購入し、使用しました。

また、花王のウェブサイトで「ヘアカラーはパッチテストは毎回必要」「ヘアマニキュアは必要ない」とあることも原告は問題としていました。パッチテストとは、接触性ヒフ炎の原因を同定するための検査です。つまり、パッチテスト等をすすめる記載が使用説明書を含め一切なされておらず、ヘアマニキュアはヘアカラー等と異なり、健康被害を生じることはないという安全性を印象づける誇大表現がされていたとの主張です。

このパッチテストについて花王は「ヘアマニキュアは染毛料であって、染毛剤ではないから該当しない」『化粧品の使用上の注意事項の表示自主基準』に合致している」「ヘアマニキュアはパッチテストは義務づけられていないことから、その記載がない」と主張しています。

また、「外箱は高圧ガスを使用した可燃性のものから注意喚起を優先すべき。身体障害は通常考えにくいので使用説明書及び容器に記載したもので妥当である」としています。

今回、問題になったヘアマニキュアは、半永久染毛料で化粧品です。ヘアカラーに比べてヘアマニキュアはまだましなのではという印象があった私は、ヘアマニキュアによる脱毛被害の深刻さに驚きました。

ヘアマニキュアは化粧品のカテゴリーに入っているので「パッチテスト表示は必要ない」と花王は主張する一方で、被害者に「パッチテストを申し出たが拒否している」と言っているとありました。このようにパッチテストを申し出るのなら、「化粧品の使用上の注意事項の表示自主基準」を言う前に、最初からパッケージなどに提示してもよかったのではないでしょうか。

代理人弁護士によれば、原告は「被害にあっているのに、さらにパッチテストは受けたくない」と言っていて、それももっともな意見だと思いました。

「陰毛まで抜けてしまった」被害報告も

裁判資料に出ていた、国民生活センターに報告された花王「ヘアマニキュア」による被害報告は３件でした（期間は１９９５年４月１日〜２００５年11月29日、１９９７年１件、１９９９年１件、２００５年１件。男１名・女２名。40代１名・50代２名）。

うち１件は、原告からの相談です。また、髪だけではなく、着色料で陰毛まで抜けてしまったという相談事例も出ていました。

また、ヘアマニキュアではなく、花王の染毛剤全体では15件、花王の毛髪着色料全体では14件の相談が寄せられています（当時）。

「（花王は）多数の健康被害が生じていた事実を国民生活センターの相談事例などを通じて把握していた。被害発生についても十分に予測し、回避するための措置をとることが十分可能だった。過失は明らか。」と原告サイドは主張しています。

ベルギーでは22種が使用禁止

「髪を染めている女性にリンパ腫（ガンの一種）になる危険性が50％増す」と、米国国立がん研究所の研究チームが1992年に発表して話題になりました。ネブラスカ州の住民を調査した報告ですが、当時『ニューズウィーク』（1992年7月13日号）に掲載され、それをもとに『週刊新潮』（同年7月30日号）でも取り上げています。

カラーリングは、発がん性物質と指摘されているジアミン系酸化染料や過酸化水素、合成界面活性剤が使われている点が問題とされています。髪のたんぱく質を破壊し頭皮のバリアを傷め、アレルギーを引き起こすだけでなく、肝機能にまで悪影響を与えてしまうなど、毛染めの危険性は世界では常識です。

2006年7月、「発ガン性の疑いで毛髪染料薬品22種類が使用禁止――ベルギー」という記事が「AFP BB NEWS」でアップされました。

〈【ブリュッセル／ベルギー 20日 ＡＦＰ】欧州委員会（European Commission）は、毛髪染料に使用されている化学薬品２２種類について、長期間使用した場合、膀胱ガンにつながる恐れがあるとする研究結果を受け、禁止する方針を発表した。22化学薬品の禁止は、12月１日から施行される。〉

この措置に至ったのは、22種類の化学薬品について安全の証拠を毛髪染料メーカーが提供できなかったからだともありました。ＥＵ、米国ではこの毛染め成分のことでかなり議論になっていましたが、日本ではまったくといっていいほど話題になりませんでした。

ヘアマニキュアのタール色素

「ザ・ワールドワイド・ヘアージャーナル」の「今さらなんですが髪染めの危険性」にて、ヘアジャーナリストの双田譲治氏が「ブローネヘアマニキュアの成分では、タール色素（橙２０５、黒４０１、紫４０１、赤２２７）が人体には悪影響です。ＢＨＴ同様、指定成分に入っている。だが、このタールがないとヘアマニキュアにならないので、その点がどうなるか問題。タール色素は、石油タールから作られるもので、人によってはかなりのアレルギー性を持つ。かねてから発ガン性も取り沙汰されているものもあります。」とコメントしています。

「たとえば（この製品では使われてはいないが）赤色２０３号、２０４号、２１３号と橙色２０３号は米国の食品医薬局（FDA）が1988年、発ガン性を理由に化粧品類に使用することを禁じたもの。ところが、まだ日本では法定色素として認められたままという現状がある。タール色素は日本では、83種が認められているが、中には、予防原則から、すぐに使用を禁じるべきひどいものもある」

裁判でも、タール色素、BHTの安全性についてのやりとりが出ていました。タール色素とは、タール（石炭、石油中のタールや有機物を加熱して生じるタール）から分離、合成してつくられます。

タール色素の使用について花王は、裁判では「他社を含めて全ての商品について使用されている。厚生労働省の基準の範囲内」としています。染毛剤で使用されている毒性が強いジアミン系化合物ほどではありませんが、しかし、ヘアマニキュアで使用されているタール色素の毒性は否定できません。

「ブローネヘアマニキュア」成分チェック

被害者が当時、使用して脱毛した「ブローネヘアマニキュア」の成分は、

◆ブローネヘアマニキュア　ダークブラウン〈白髪用〉

【販売名】ブローネヘアマニキュアB2　72g（クシつき）〈染毛料〉

【成分】水、LPG、エタノール、ベンジルオキシエタノール、乳酸、ヒドロキシプロピルキサンタンガム、DME、ジメチコンコポリオール、クエン酸、水酸化Na、トリデセス-9、BG、エトキシジグリコール、イソステアリルグリセリルペンタエリスリチル、褐藻エキス、BHT、香料、橙

２０５、黒４０１、紫４０１、赤２２７

裁判当時の２００７年に発売されていた商品と、原告が使用した当時のものとでは成分に変更がありました。被害者が使用したときにあった成分のクエン酸、エトキシジグリコール、イソステアリルグリセリルペンタエリスリチル（合成界面活性剤）が消え、γ‐カプロラクトン、グリセリン、水添加ポリイソブテン（合成ポリマー）、リンゴ酸の４種類が加わっています。

さらに、２０１５年、「やさしい香り 白髪を隠してツヤをプラス 傷まないカラーリング」のキャッチで販売されている商品の成分と比較してみると、乳酸、γ‐カプロラクトン、BHTが消え、グリコール酸（pH調整剤、保湿剤、浸透剤）、PEG‐９ジメチコン（合成ポリマー）、PEG‐11メチルエーテルジメチコン（合成界面活性剤）、ローヤルゼリーエキス（保湿性）、加水分解シルク（保湿剤、界面活性剤）が加わり、タール色素は紫４０１が紫４０２に変更されていました。

当時、花王のウェブサイトを見ても、成分表示が出ていませんでした。当時からこの姿勢は変わっておらず、現在も公開していません。ウェブ上で成分は表示されていませんから、いつ変更したかは消費者にはわかりません。

頭皮のバリアが壊されると、染毛剤の毒性が入ってきます。合成界面活性剤は頭皮への浸透剤ともなっています。効果は出たものの、浸透剤を使い続ければ頭皮のバリアは弱くなり、毒性があるヘアカラー剤も頭皮に浸透しやすくなります。

添付された原告の写真を見ると、原告の頭皮のバリアが壊れていると考えられます。

先に説明した毛染めの22化学薬品の禁止時、「安全が証明されない物質は、市場から消しておくべき。高い安全基準の設定は、ＥＵ圏内の消費者の保護のみならず、欧州の化粧品業界に法的確実性を与えることでもある」と、グンター・フェアホイゲン欧州委員会副委員長（企業・産業担当）は語っています。

安全性がグレーなものは使わないという欧州の姿勢は、「慎重なる回避」になります。

枕が黒くなるほど脱毛

裁判での原告の発言から、髪の毛の抜け方の激しさが伝わってきます。

「余りに急に髪の毛が抜けていく状態と、朝起きたらまくら元が黒くなるぐらい抜けるので、もうその今後どうなっていくんやろうという不安が物すごく大きかったです。」

――そんなに急激ではなかったんですか。（被告側の尋問）

「何もない状態から布団にぱっと、まくら元に髪の毛が落ちて、最初の1日、2日目ぐらいは。それから、もう一気というか、もうぱあっと、物すごい早さで抜けていった。」

被告の花王側から２００７年（平成19年）３月30日に提出された医師の意見書には、「原告には、腋毛、陰毛の脱毛といった症状が見られるが、通常頭部の使用する染毛料により、腋毛、陰毛が脱毛するということは考えにくい。」とありました。

それに対して、以下のようなやりとりがありました。

「洗面台の前でブローネを使って、それから何分か後におふろのシャワーで流していったんです。」

――おふろのシャワーで流したというのは、服を全部脱いで裸で頭の上からシャワーで流したと。

「はい、流しました。」

――そうすると、流れた液は○×さん（注：原告の名前）の体にも伝わって流れていったということですか。

「はい」


日本ヘアカラー工業会はウェブサイトで「ヘアカラー中に入浴しても良いですか？」の質問について、「入浴による発汗やしずくなどでヘアカラー薬液がたれて目に入るおそれがあります。ヘアカラー薬液を頭髪につけたまま入浴しないでください。薬液を洗い流すときも、目に入らないようご注意ください。ヘアカラー（酸化染毛剤）やヘアブリーチ（脱色剤）が目に入ると、激しい痛みを生じたり、場合によっては目が損傷（角膜の炎症等）を受けたりすることがあり、大変危険です。」（現在の回答）とカラー業界が自ら認めているように、ヘアカラー、ヘアブリーチは危険なものなのです。

花王〝脱毛〟裁判の判決

いずれも興味深い陳述内容でしたが、この証人尋問から約半年後、裁判官は原告敗訴の判決を下しました。

奈良地裁で結審し、「本件ヘアマニキュアの使用と本件症状との間には、原告の既往であるアトピー性皮膚炎の憎悪をもたらしたという限度で因果関係が認められる」とブローネの使用で〝脱毛〟、はげになった因果関係は一部認定されましたが、製造上の欠陥、指示・警告の欠陥などを含めた全体の責任を花王に認めさせることはできず、結果、原告敗訴という結果になりました。

国民生活センターの報告では、花王「ブローネヘアマニキュア」による身体に危害があった相談は2006年10月時点では3件だったのが、2008年2月のこの判決文の時点では、4件増えて7件となっていました。

消費者庁「毛染めによる皮膚障害」

消費者安全調査委員会は2015年10月、「毛染めによる皮膚障害」に関する事故等原因調査報告書を公表しました。2010年度以降の5年間で1008件の毛染めによる被害が消費者庁に寄せられ、そのうち166件は1カ月以上の重症でした。自宅で毛染めを行なってきた女性は、酸化染毛剤で顔面が赤く腫れ、滲出《しんしゅつ》液が滴る重篤な状態にまでなっています。

全国のユーザー（毛染め経験がある人）３０００人を対象に実施したインターネット調査では、50代以上のユーザーの半分以上が1カ月に1回以上の頻度で毛染めを行なっており、全体の15％程度が毛染めで異常を感じた経験があると回答しました。しかし、異常を感じてもヘアカラーをやめなかった人が5割を超えています。

また「パッチテストを知ってはいるが、行なったことはない」ユーザーは68％。消費者安全調査委員会は「カラーリング前には必ずパッチテストをして、赤みなどが出た場合は、すぐに皮膚科に行くことなど周知徹底してほしい」と警鐘を鳴らしています。

毛染めによるヒフ障害が相次いでいることを受けて、厚生労働省に対して製造販売業者にアレルギーのリスクをわかりやすく表示させるよう求めました。

パッチテスト説明が教えていること

花王「ブローネヘアマニキュア」〝脱毛〟裁判では、ヘアマニキュアは化粧品のカテゴリーに入っているので、「パッチテスト表示は必要ない」と花王は主張しました。

パッチテストとは、カラーリングで永久染毛剤（酸化染毛剤と非酸化染毛剤）を使ってかぶれ、アレルギー症状が出ないかを事前に調べるためのヒフアレルギー試験です。染毛前には毎回、必ずパッチテストを行なってから使用するように、商品やウェブサイトやＣＭで繰り返し伝えています。

頭皮、生え際、まぶた、額、耳の後ろ、首すじなどに、かゆみ、赤み、腫れ・ブツブツ（丘疹や小水疱）などのヒフ炎症状が、ヘアカラーの薬液が直接接触したところ、あるいは洗髪時のすすぎ液が接触したところに出ることがあります。ひどい状態になると、顔全体が腫れたり、頭皮からの滲出液が出たり、薬液が接触していないところまでヒフ炎になることもあります。

カラーリングによるかぶれには、刺激性接触ヒフ炎とアレルギー性接触ヒフ炎があります。ある日突然、かぶれる人もいます。

染毛6時間後から半日後にかゆみを感じ、その後にかゆみ・赤み・腫れ・ブツブツなどのヒフ炎症状が出はじめ、染毛の48時間後にもっとも症状がひどくなります。そのため、パッチテストは部位に塗布後、30分後（即時型アレルギー反応）と48時間後（遅延型アレルギー反応）の2回の観察が必要です。

日本ヘアカラー工業会のQ＆Aの中でも、「これまでに何度もヘアカラーを使用して問題なかった方でも、花粉症と同様に、ある日突然にアレルギー症状が出ることがあるので、パッチテストは毎回必ず必要です。」としています。また、パッチテストに代わる簡単な方法はあげていません。

「使用説明書に従い、毎回必ず、染毛予定の48時間前からパッチテストを行ってください。」とありますが、実際、毎回、パッチテストをやっている人がどれくらいいるか疑問です。美容室で「では、48時間後にまた来てください」とやっていたらお客様は来なくなりますから、「リスク情報なし」というのが暗黙の了解です。

日本ヘアカラー工業会のQ＆Aでは、ヘアカラーによるアレルギー性のかぶれの原因を有効成分の酸化染料だとし、有効成分がアレルギー、かぶれの原因だと認めているのです。

かぶれたり、パッチテストで一度でも異常が出ると、原因の酸化染料は、同じタイプのヘアカラーリング製品（ヘアカラー）のすべてに配合されているので、すべてのヘアカラー（酸化染毛剤）は使用しないこと、パッチテストもしないようにとまで注意しています。

そして、ヘアカラーでかぶれた人には「酸化染料を配合していないタイプのヘアカラーリング製品（ヘアマニキュアなど）をご使用ください。オハグロ式と呼ばれる非酸化染毛剤や、半永久染毛料のヘアマニキュアをおすすめします。」としています。しかし、花王「ブローネ」〝脱毛〟裁判で使用したのはヘアマニキュアですから、これもあまり説得力があるように思えません。

日本ヘアカラー工業会のQ＆Aの中で紹介されている「ヒフアレルギー試験（パッチテスト）」を読めば読むほど、カラーリングがいかに危険なのかを考えさせられます。

永久染毛剤でのパッチテストの記載は必須ですが、ヘアマニキュアなどの半永久染毛料のパッチテスト記載を見ると、花王「ブローネ ヘアマニキュア」「ブローネ 根元カラー」「ブローネ ポイントカバー」、ホーユー「シエロ ヘアマニキュア」「シエロ コーミングカバー」はいずれも外箱の注意欄、使用説明書にパッチテストの記載はありません（２０１２年当時）。

大手メーカーと比較して、サスティ「利尻昆布 白髪用ヘアカラートリートメント」「利尻白髪かくし」は「酸化染料を使用していない商品ですが、すべての方に皮膚刺激やアレルギーが生じないというわけではありません。ご使用の前に必ずパッチテストを行って下さい。」、ＤＨＣ「Q10 美容液 カラートリートメント」は「＊アレルギー体質の方・肌が敏感な方は、ご使用前にパッチテストを実施いただくことをおすすめいたします。」、ダイソー「週に一度の白髪染め＆トリートメント」は「ご使用の前にパッチテストを行ってください。」と記載されています（２０１２年当時）。

カラーリングによるトラブル

お客様の髪トラブルあれこれ

長年、私（森田）が美容室でお客様と接してきて、ヘアカラーを続けている方の悩みでいちばん多いのは、なんといっても脱毛です。洗髪中、ごわごわになって傷んでいる髪からさらに進んで、ぬめぬめ、てろてろ、溶けそうになるほどの髪に出会うことがあります。

パーマとヘアカラーの連用で頭皮がテカテカと光って、頭の形がハッキリわかるほどの薄毛になっている60代の女性が来店されたことがありました。薄毛を美容師に相談すると、決まってパーマをすすめられ、大仏さまのようなヘアスタイルにかつらにしようかと考えていたそうです。

ヘアカラーの連用で髪がパサパサになっていた40代の女性が美容室ですすめられるトリートメントをしても、髪の改善は見られません。自宅でもトリートメントは必需品で、ヘアケア商品もドンドン増えていきました。頭皮が硬く髪の水分量もなく、おまけに変性毛（くせ毛）で髪の馴染みが非常に悪くなっていて、髪を切っても落ち着きが悪い状態でした。

お客様自身は脱毛の原因がヘアカラーだという認識はなく、トリートメントを使用したり、シャンプーを変えたり、育毛剤を使ったりと涙ぐましいほどの努力をされています。そして、努力のかいがなければ年のせいにします。こまりはてて美容室に相談に行けば「ボリュームが出るようにパーマをかけましょう」とすすめられ、髪はどんどん細くなっていきます。

20代でも頭頂部の薄毛で悩んでいる方も、明らかにヘアカラーのやりすぎです。本人はそうした意識もなく、解決策もないままトリートメントを繰り返しています。共通しているのは、頭皮が非常に硬いのが共通項です。

若い人がヘアカラーをはじめてしばらくすると根元の黒髪がプリンのような色になってきて気になるので、繰り返しヘアカラーをすることになります。連用で髪の毛が傷み、トリートメントを繰り返しますが、一時的に感触は変わってもたいした効果はありません。髪が傷むのでヘアカラーをやめようと思っても、2色の「プリン状態」の髪がおしゃれとはほど遠く、やめるまでの決意ができません。ヘアカラーを繰り返すということは、脱色剤を連用することです。その結果、早い段階で退色現象が現われてきます。最初は思った色に染まりますが、回数を重ねるごとに色調も変わっていきます。

枝毛や切れ毛もカラーリングが原因の一つです。これらは、カラーリングのときに使用される過酸化水素（2液）が大きく関係しています。たんぱく質変性が起こり、髪の内部の水分量が減少するからです。トリートメントをしても効果の持続性はありません。すべての原因を取り除き、きれいな髪を手に入れる近道は薬品を使用しないという選択です。

カラーリングを繰り返すことによって、かつらという最終手段に手を出す人たちがいます。以前、80万円のかつらをしていたお客様が来店されたことがありました。本人はおしゃれのつもりでかぶっていますが、まわりの人はそうは思っていません。かつらをかぶることで圧迫脱毛症というおまけまでついてきます。かつらをかぶりはじめると本人は手放せなくなり、まわりの人も何も言いませんから、本人はかつらでおしゃれをしているつもりでいられるのです。

また、ヘアカラーをはじめてしばらくすると、頭皮に湿疹が出て耳の後ろや首筋などが赤く腫れ上がり、かゆみを感じる方がいます。カラーリングの後、頭皮や耳の後ろなどヒフの弱いところに湿疹ができるのもよくあるトラブルです。しかし、お客様はこれがカラーリングによるものか、単なるアレルギーなのかの判断がつきません。なるべく早い段階でヒフ科医に相談してください。

パッチテストでは問題がなかった人でも連用することで、こういったケースがまれにあります。ヘアカラーを施術中に気分が悪くなるお客様もいます。においによるもの、頭をしめつけられるような感覚でヘアカラーを断念する人たちもなかにはいます。

美容師のトラブルあれこれ

日々、化学物質に囲まれての仕事で、体調の不調を訴える美容師も多いです。

美容師をはじめてまもなく手荒れによるトラブルでこの仕事をあきらめる人たちも少なくありません。原因として考えられることはシャンプーやカラーリングやパーマなどによる薬品負け、最初は軽い手荒れだったのがひどい場合は腕やお腹のあたりまで湿疹ができることがあります。職業病とあきらめる美容師も多いのではないでしょうか。

ヘアカラーの施術の後にシャンプーをすることで、カラー剤とシャンプー剤とが複合的に手につきます。1日中これを繰り返すことにより、手のひらや腕、ひどい場合には身体中に湿疹が出てきた男性美容師がいました。美容師をはじめて間もない頃は「シャンプーボーイ」「シャンプーガール」としてこれが繰り返されます。このことが原因で美容という職業から離れて行った仲間もいます。「カミドコ」の元スタッフで、美容師の彼女は以前、朝8時から夜の12時、実に12時間以上の勤務体系の中、お休みは週1日。その1日もカットなどの練習や撮影、モデルハントに使いプライベートな時間は皆無でした。働きはじめてから花粉症になってしまい、むくみがひどかったのですが、ヘナ専門サロン「カミドコ」に移ったらそれも治りました。

彼女の知り合いの美容師の中にも、カラー剤などに対するアレルギー性の湿疹が手だけでなく、お腹や背中に出ている人もいました。また、生理痛が年々ひどくなって、生理が止まらなくなる、生理不順などの悩みを抱える美容師がいました。アレルギーも増え、それが年々ひどくなっていきます。

東京のある女性美容師の勤務時間は10～19時、週休1日（途中から第１・３水曜をお休み）でしたが、39歳のとき子宮頸がんになりました。その彼女が以前勤めていた美容室のオーナー（男性）は腸閉塞になり手術を受けていました。その美容室の店長（男性）は脱腸になり、自分のお店をオープンさせてからも再度、脱腸になり手術を受けていました。

美容師歴23年になる女性は30歳を迎える頃からさまざまな体調不良に悩まされ、名医と言われる病院に通院しても原因不明のまま、薬の種類が変わる日々を過ごしていました。体調不良を抱えながらも日々の忙しさもあって、気づいたときには膀胱結石で人生初の入院と手術を経験し、そこで腎臓が弱いことを知ります。

長時間、ケミカルなものに囲まれての仕事をしていて、美容師の体調がおかしくならないはずがありません。そんな体調不良のケースはいくつもあります。

私の美容室「カミドコ」の新しい男性スタッフ（19歳）は美容高等専門学校に入学し、美容師免許を取得後、都内の美容室に入社でき、将来の希望に心踊らせていました。不安と言えばアトピー性ヒフ炎。それでも「肌が弱くても我慢をすれば大丈夫」と考えていました。

しかし、シャンプーはもちろん、カラー剤やパーマ液にふれるだけで手がヒリヒリ痛くなり、すぐに洗い流さないと我慢ができなくなり、手荒れや湿疹に苦しめられていました。「こんなに危険なものを使ってよいのか？」と疑問に思うことはあっても「こういうものなのだから……」とその疑問に目を背けていました。これは、多くの美容師が陥っている状況です。

そんなある日、お店の先輩にカラーリングをしてもらったとき、薬液を頭につけた途端、頭皮に痛みが走り、シャンプー時もヒリヒリし、おでこに火傷をしていました。彼は「なぜ、こんな危ないものを頭に塗らなければいけないんだ」と心の底から思いました。

当時は「カラーリングで人が亡くなることがある」「経皮吸収された薬剤は毛細血管に入り、血中を巡っている」ということを知るよしもなかったのです。後になって、彼には薬剤のアレルギーがあることがわかり、それが「ＰＰＤ（パラフェニレンジアミン）」という物質だとわかりました。

ヘナ専門サロン「カミドコ」に移って体の調子がよくなった彼は「美容師もお客様も同じ知識なら、お客様からしたらとんでもないことだと思います」と言っていますが、これがいまの美容業界の現状なのです。

私の世代も美容学校でカラーリングやパーマの危険性などを学びませんでしたが、いまも国家試験に合格するための勉強が主であって、リスクに関することは学ぶ場ではないことは変わっていません。

肝機能障害とヘアカラー

カラーリングによる髪のトラブルは、発がん性物質と指摘されているジアミン系酸化染料や過酸化水素、合成界面活性剤が使われていることが原因と言われていますが、髪のたんぱく質を破壊し頭皮も傷め、アレルギーを引き起こすだけでなく、肝機能にまで悪影響を与えてしまうこともあります。

熊本県人吉市でのヘナの講習会で、ヘナを毎週欠かさずに３カ月間続けたという50代の女性が「こんなに髪が増えました。とてもうれしいです。以前は人前でおじぎをするのが嫌で、頭頂部が薄くなっていて気にしていたのに、いまはこの通り」と元気に回復している髪を見せてくれたことがありました。

そして、彼女がその後に続けたことばに驚きました。

「不思議なことに、原因不明の肝機能の数値も改善されて、体調もとてもよいんですよ」

これと同じ話は以前、長崎の講習会でも聞きました。

「厚生省特発性造血障害調査研究班」の調査（１９７３~77年）では、再成不良性貧血４０５例中、染毛剤が原因と考えられる症例が10例、そのうち７例が死亡していると報告しています。このような「染毛剤が再生不良性貧血の一原因になっている」という厚生省（当時）の見解からも、経皮吸収させたものが血液中で何らかの原因をつくっているように思えてなりません。

お酒も飲まないのに、肝機能の数値に問題がある方々が意外と多いのではないでしょうか。

業界トップ・ホーユーの考える環境

たわわな黒髪は、日本女性の自慢でした。ホーユーが黒髪の美しさを心から理解していたなら、江戸時代の「元禄美人」からネーミングした「ビゲン」（酸化染料入りの毛染め）で日本女性の髪はぱさぱさにさせ、ダメージを与えるようなことは考えないはずです。なんとも皮肉なネーミングです。

２０１０年10月、名古屋で開催された「生物多様性条約」を受けて、ホーユーは「科学技術の進歩によって地球の生態系に影響を及ぼすまでに巨大化した人類の活動。あらゆる生命が持続可能な共生社会の追究は世界共通の課題であり、企業が果たすべき責任も小さくありません」と自然との共生、環境保全や社会貢献に積極的に取り組む企業姿勢をアピールしました。

カラー剤を金魚鉢や植物にかけると、金魚は死に、植物は枯れます。そういうものを自分の頭にかけているのですから、〝薬害〟としか言いようがありません。髪もきれいに見せかけ、からだ、環境への優しさも見せかけでしかありません。カラーリングの液は排水溝から流れ、川や海への自然界へと化学物質は垂れ流され、環境破壊へと確実に繋がっています。パッケージの廃棄物で環境を配慮する前に、髪、自然界への影響を配慮する気持ちはどこにあるのでしょうか。

「生物多様性」とは、自然の本来のあるべき美しさであり、化学物質、人工的なカラーバリエーションを増やすことではありません。そして、自然、人に優しくない企業はこれから生き残れない時代であり、「科学技術の進歩によって地球の生態系に影響を及ぼすまでに巨大化した人類の活動」こそ、ホーユーのことにほかなりません。

第4章

美容業界の現状&裏話

美容歴37年

髪は物言う存在

私（森田）が髪に関わるようになって37年が経ちました、毎日毎日、髪にふれて観察していると、その方の肉体や精神の状態、病気までも髪を通して情報として入ってきます。実際、初めて出会う人も髪を見て、判断しています。

髪は「物言う存在」なのです。

美容室に来られるお客様の第一番目の要望は、ヘアスタイルです。そのヘアスタイルをつくるのにもっとも重要な鍵が素材（髪）なのです。

木造建築であれば、檜にしようか、杉にしようか、松にしようかといったように、材木選びのようなものです。昔の日本家屋は１００年、２００年という歳月を経てもびくともしませんでした。しかし、現在の家は50年とはも持たないでしょう。これには、素材の問題が大きく関わっています。あくまでも、自然の摂理にあった物づくりを心がけなくてはなりません。

いけばなに例えると、いまの美容は、生の花とドライフラワーを一緒に生けていて、双方に色やニスをつけて生の花のように見せかけています。流行の最先端という名の下、新しいありとあらゆる技法を用いて新しいモノをつくりあげますが、本来の髪の美しさとはかけ離れたモノが出現します。それは、髪本来の力のある存在感を引き立たせるものではありません。

私の仕事は、お客様が主体ではなく、髪が主体です。
美容師はお客様のリクエストをかなえることが「美容師の仕事だ」と考えていますが、そこには、主体となるはずの髪についての気遣いはなく、デザインを追い求めるあまり、髪本来の美しさとはほど遠いものになっていくという現実があります。また、似合わないと思っていても「本人が言うのだから」と黙っています。

パーマやヘアカラーは、髪という素材を老化させて壊すものです。その結果、実年齢よりも早く白髪が気になったり、ヘアカラーの周期も早くなったりという悪循環のパターンになっていきます。

さらに、ヘアアイロンなどで極端な熱を与えることによって、髪そのものを変性させてしまうことがあります。カットもいまでは複雑化していて、結果的に素材を壊すことになっています。髪は切るのではなく整えるという感覚が大切であり、そこにも素材を壊さない繊細さと気遣いが必要なのです。しかし、美容室ではカラーリングで髪が傷むといった状況判断はしません。

世界中いろいろな異なる人種がいます。さまざまな色や形、髪は環境に順応して色や形を変え、習慣もそれぞれ違っています。インドのシーク教徒のように髪を切らずにターバンの中に隠す人たちもいれば、ユダヤ人のこめかみのところに長く垂れ下がるくるくるした髪など、文化によっても髪にはいろいろな思いがあります。

そして、日本人がもともと持っている漆黒の黒髪は時代を越えて、美しく力のあるものです。黒はすべての色の集まりであり、完全なものでもあるのです。

勢いのあったバブル時代、髪も全体的にたわわなふくらみのある髪でした。しかし、それ以降、時代に反映されたかのように先細りの髪型になり、90年代以降、日本人の黒髪は見る影もありません。髪は時代に反映されているようです。

時代を超えて美しいものは自然と一体化しています。美容は華美にするのではなく、あるがままの美しさを目指すものだと思います。

しかし、いまの美容はと言うと、何かをつけ加えてより美しくさせようとしている「足し算方式」です。引き算をすることで素材のきれいさが表に現われてきます。木材であれば木目を表に出し、これをデザインの一部にしていくと素材の持つ美しさが表に現われます

美しい素材はそれだけで完全なるデザインです。素材を生かしたデザインを目指し、さらには環境にも配慮したデザインやヘアケア商品作りを提案して行く……そんな仕事ができればと日々、模索しています。

美容師になったきっかけ

私がカラーリングとパーマをやめ、カットとヘナだけのヘナ専門の美容室をはじめた経緯をお伝えしたいと思います。

１９５８年に山梨県で生まれた私は地元の高校を卒業して、１９７７年、東京マックス美容専門学校に入学しました。

いまは、美容学校に2年通って国家資格を受けた後に美容師になれますが、当時は美容学校1年、

その後は現場でインターンとして1年の経験後、国家試験を受け、晴れて合格したら美容師になるという流れでした。

高校は約９割が大学に進学するという進学校でした。上に２人の姉、２人の兄がいて、私は末っ子で、あまり成績もよくなくて進路をどうしようかと思っていたとき、３つ上の兄が「美容の仕事があるよ」と教えてくれ、姉２人も東京にいたので、美容学校でも行こうという程度で進路を決めました。入学式ですごいところに来てしまったと思いました。化粧もバッチリで、ここはヤンキーの集会かと思ったほどです。田舎から出てきた私は目がパチクリ状態でした。

ちょうど美容師が増えはじめた頃で、当時の専門学校に男性が1割くらいいました。クラスはA〜Fとあって、私のクラスは70名程度。途中でやめていく人も1割くらいいたでしょうか。私だけ皆勤賞で「毎日学校に来るほうがおかしい」と言われていました。

それほど美容師への憧れがあったわけでもない私は、親がたいへんな思いをして進学させてもらったという意識が強かったと思います。休み時間などに本を読んでいると、まわりから「変わった奴」と思われていました。

当時の美容技術と言えば、国家試験用の技術をメインに、パーマ、カット、カラーリング、着付け、フェイシャルなどを1年間で少しずつ習います。カットの授業も少なく、カラーリングは薬剤の塗り方を教えてもらいましたが、深い内容ではありません。９教科の学科の中には医療従事者たちが学ぶ基礎学問も含まれています。

シャンプーボーイ時代、そして独立

美容学校を1978年に卒業後、東京・白金にある美容室に勤めました。給料は手取りで7万円くらい。週1日お休み。技術者3名、中間技術者2名、そしてインターンが私1人でした。1979年、美容師の国家資格を取得しました。

美容室での1日は朝から晩までシャンプーの連続で、終わったあとは、先輩相手に勉強会をします。冬場は手荒れがひどいので、夜はクリームなどをつけて手袋をして休んでいました。当時は「朝から晩まで水に浸かっているのだから、こんなになるのは当然」と思っていました。シャンプーの手荒れで、美容師をやめていった人もいます。

それ以上に私が苦痛だったことは、お客様と会話をすることでした。何か話さなくてはと思うと、苦痛で苦痛で、一度はやめようと思ったことがあります。雑誌に出ていた家具職人に応募したことがありますが、けっきょく結びつきませんでした。まるで対人恐怖症のように、人と話すことが非常に苦手でした。

オーナーにそのことを相談すると、同じ店の先輩の話をして「彼を見てごらん。しゃべらなくても仕事ができているよ」と言われました。その先輩は話すことは苦手でしたが、仕事がていねいでお客様からは信頼を得ていました。

天気の話から会話をはじめることすら嫌だったのですが、それからは「伝えなくてはいけないことを話せばいいんだ」と思うようになりました。私の場合、頭で納得しないと話せないのです。

当時の美容業界は、レザーカットからハサミによるカットブローへの移行期でしたので、私は両方を経験することができました。

白金の美容室に2年ほど在籍し、同じオーナーが経営している東京・下北沢の美容室に移って3年ほど働きました。その後、長崎市の美容室で働いていましたが、１９８２年夏に長崎大水害が起き、復興までにはかなりの時間がかかると思い、東京に戻って目黒の美容室で2年間働くことになります。

仕事のやり方の違いを徐々に感じはじめ、独立を決め、親に資金を借りて、南青山3丁目のマンションの1室（10坪＋６畳）の美容室をオープンさせました。１９８２年のことで、男性美容師が世に出はじめた頃でした。

自分1人でスタートし、その後、３～４人の美容師と一緒にやっていきました。その後、北青山にある13坪ほどの店へ転居しました。その頃はまだカット、パーマ、カラーリングをやっていました。

パーマもカラーリングもやめる

お客様の髪を見ていて、客単価の高い人のほうがパーマやカラーリングで髪が傷んでいることを年々、痛感するようになってきました。と言っても、「今日から、カラーリングもパーマもやりません」とスパッとやめたのではありません。傷んだ髪や壊れた髪はどうにかならないかとトリートメントを使ってみましたが、それも取りつくろうだけであって、壊して直すのはおかしいのではないかと思うようになっていきます。

まず、カラーリングをやめました。カラーリングとパーマの両方とも髪を傷める原因ですが、両方を一気にやめてしまうと、心理的に「取りあげられた」と感じます。

当時はまだ、若い世代が茶髪、カラーリングの時代ではなく、白髪染めのカラーリングをしていた人たちでしたが、髪によくないことをはっきり説明してカラーリング、白髪染めをやめたら、お客様が少なくなりました。

売り上げも少なくなりました。3割くらいダウンしたでしょうか。

売り上げがダウンしても、カラーリングやパーマが髪を傷めることがわかっていましたから、再開するつもりはありませんでした。「だったら、大丈夫にするしかない」と思い、「ほかのことで稼げばよい」と発想を転換しました。模索はいつも続けていたと思います。

貿易関係の仕事を並行しながらやっていました。美容室では信念を変えずにやっていると、逆に、理解する方が徐々に増え、その人たちが違う人、グループを連れて来るようになりました。

バブル当時、ビルの立ち退きにあって、北青山の美容室から南青山5丁目（13坪）に移転しました。お店の名前は「ル・シエール（Le Ciel）」。

そこの家賃が高かったのもあり、バブルも崩壊することを見通して、経費圧縮を考え、家賃が安い、同じ南青山5丁目に移転しました。そこは当初は1人でしたが、その後3人体制になりました。

その後、２００９年に、現在のお店に移転したと同時に、店名を「kamidoko（カミドコ）」に改称しました。

ヘナ専門の美容室

ヘナとの出会い

ヘナと出会ったのは１９８２年、南青山３丁目で独立したときでした。居抜きで借りたそのお店に「ニューヨークで買ってきた」というヘナが置いてありました。

この会社の商品は何種類かありました。色のつきが悪いのだけれど、トリートメント効果を感じたので、お客様に説明しながら、希望された方に使用していました。

その後、日本の業者からヘナ１００％のナチュラルヘナを1キロ4万円（当時）で購入していました。その後、ヘナについての情報収集をはじめます。その当時、アフリカのセイシェル諸島で貿易をしていた友人に依頼し、インド、アフリカにあるヘナを扱うおよそ１００社あまりの会社からサンプルを取り寄せることになります。このことでヘナそのものの内容がよく理解できるようになりました。

その後、美容師の雑誌『しんびょう』に１９９３年、ヘナの特集企画を持ち込んだところ思った以上に反響が大きく、ヘナの情報を共有するために「ヘナ研究会」を立ち上げることになりました。全国の美容室が１００社くらい集まりました。それにともなってヘナの販売を開始することになります。

ヘナにかかわったことで１９９５年、美容室以外にヘナの販売会社（株式会社ラクシュミー）を設立することになります。また、ヘナに関する研究の集大成として、１９９８年には初の著書となる『トリートメントヘアカラー ヘナ』（学陽書房）を出しました。これは、日本ではじめてのヘナに関する書籍となりました。そして、全国各地でヘナの普及のための講習会もはじめました。

チューブ状のヘナ商品を開発

２０００年、ヘナの粉をジェル状にした製品「ラクシュミー ヘアカラートリートメントR」の販売を開始しました。日本初のチューブ状のヘナ商品です。

お客様から「ヘナは面倒だ！」と簡便性を求められることが多くなり、簡単、安全を追究し、開発しました。価格は２４００円でヘナ２回分。開発の段階でネックとなったのがヘナの中の雑菌でした。水分で雑菌がふくらむので、ガンマ滅菌することになりました。

この商品は大ヒット商品となりました。２００３年にはリニューアル製品の製造販売も開始しました。しかし、この商品はヒットしたものの、色が染まりにくくなることがわかりました。製造後、日にちが経つごとに色素量の減少が認められたのです。原因は、赤色の染着作用のあるローソン量（１３２ページ参照）の低下、劣化でした。ピークを境にして数カ月で色がつかなくなったのです。

年間10万本以上売っていましたが、２００９年２月を最後にして製造販売を中止し、在庫２万本を残して廃棄しました。ヒット商品でしたから、販売業者も突然の製造中止に怒りまくってきました。でも、そんな色がつかない、劣化した商品を売るわけにはいきません。これに伴い、約１０００万円の借金を抱えることになりました。

簡便性を求めすぎた結果です。よい勉強になりました。その失敗からもう一度、初心に戻り、基本的な考え方を見直すことになりました。

いまでは、ぜったい粉。

時間と手間をかけて髪の手入れをすることが、髪にとってはとても大切なことと痛感しました。

シャンプーも開発中

長い間、美容の仕事をしてきて切り離せないものがシャンプー剤です。

シャンプーの開発に取り組んでから約20年、およそ10種類ほどの商品を世に送り出してきました。

最初は化粧品会社選び、開発に関して研究者とミーティング、試作、お客様への使用テスト、製品化という流れを繰り返しやってきました。商品づくりに携わることでいろいろなことを学びました。

いちばん大きな学びは、シャンプー剤に使用する薬品の基礎知識です。これらを学ぶことにより、同時に〝薬害〟についても学ぶことができます。

シャンプーを開発するにあたって、私（森田）には２つの目的があります。

１つ目は、自分の使うものは自分でつくるということです。

そこで大事にしていることは、自然と環境にやさしいもの、髪と頭皮に負荷をかけないもの――この２つを柱にしています。

髪を洗って整えることを「御髪澄《みぐしす》まし」と言います。髪を浄めるという意味です。

なぜ髪を洗うのか、髪を洗わないほうが本当は髪によいのではないか……そんな疑問を持っていました。しかし、ほかの動物も体毛を洗います。そこで使用しているのは、水、土、草木。

これらをヒントに生まれた新発想のシャンプー(商品名「ハーバルシャンプーパウダー」、2013年販売開始)は10種類のナチュラルハーブの実や葉を乾燥させ、ブレンドした髪と地肌にやさしい髪洗い粉です。使用しているハーブの中のシカカイやソープナッツ、ジジファスなどの洗浄成分はインドや日本でも古い時代に使われてきた植物で、ムクロジュやナンバンサイカチなどは現在インドで使われている植物で、その組み合わせです。

通常、サロンでは美容ディーラーが商材を持ち込み、サロン側は旬の商品を選びます。サロンで「新製品が出ました。いかがですか?」という会話がされます。時代、素材(髪)の変化によってシャンプーも変化しますが、よいモノがコロコロ変わること自体がおかしなことです。ホンモノは、時代によって変わるものではありません。

昔の人たちの知恵の復活が大事です。

開発にあたっての2つ目の目的は、経済面です。

メーカー、美容ディーラー、美容室、お客様、これらの流れを変えることで、コストの削減ができます。削減した部分は美容室とお客様の利益になります。これを使って美容室は研究開発をすることができます。また、お客様にとって商品をより安く買うことができるという一挙両得が実現します。

これからは共生の時代ですから、経済の仕組みも変えていくべきだと思います。

ヘナ輸入でこだわっていること

ヘナは現在、インドから輸入していますが、現地で無農薬認証を取得したヘナに限定し、さらに輸入後、日本の公的機関で分析して内容をチェックしています。

以前、長く取り引きを続けていたインドの会社がありましたが、代表が代わってルートも変わったことで、ヘナの品質が悪くなったのを感じました。ローソン量が低くなっていました。染まりが悪いはずです。それ以前に取り引きをしていた会社の商品から、酸化染料が検出されたこともありました。『たしかな目』（２００６年の調査）で、12社の製品のうち８商品にローソン量が含まれていないという結果が出たことがありました。おそらく現地でニュートラルヘナと呼ばれている「カシア アウリクラタ」という植物を使用しているのではないかと思われます。輸入の際のコミュニケーションの問題もあったと思われます。また、砂が混じっていた商品もあり、かさ増しなどがされていたという事実もあります。

そういった輸入の経験から、化粧品の製造販売業、化粧品製造業許可を会社（株式会社ラクシュミー）で２０１０年に取得しました。また、輸入先も変えて、エコサート認証のヘナを扱うインドの会社との契約を同年に結びました。

新しく取り引きを開始した会社はいままでのところと違って、工場が畑に隣接しています。さらに、商社などを通さずに直に取り引きをしています。

インドで収穫された無農薬栽培（エコサート認証）の葉を乾燥させ、粉砕したヘナを生産地の公的機関で分析し、マテリアルデータシートを添付して輸出したものを販売しています。この会社はお茶やスパイスなどの食品も取り扱っていて、JAS・USDAなどの認証も取得しています。

さらに厳密に言うと、インドで10月、11月に収穫されたヘナにこだわっています。4〜6月の雨期のヘナは質的にもあまりよくなく、この時期に収穫されたヘナがいちばん良質だからです。

酸化染料、HC染料、塩基性染料等を使用しない、天然のヘナ100%のものにこだわっています。

世界のオーガニック認証機関

エコサート（ECOCERT）とは、フランスの国際有機（オーガニック）認定機関で1991年に農学者の団体によって設立され、フランスのトゥールーズに本拠地を置いています。ヨーロッパで規定されているオーガニックの基準を満たしているかを厳しく検査し、認定を行なう第三者機関です。

フランスの団体なので、フランスのブランドにつけられる場合も多いですが国際有機認定機関としては世界最大規模の団体であり、世界スタンダードで、オーガニック認証団体の世界基準とも言われています。国際的な第一級の有機認定マークとして、エコサートグループは、オーガニックコスメ認証の世界シェア75%、世界85カ国、3万件以上の企業、20万製品以上の認証実績があります。

世界基準である国際食品規格委員会「CODEX（コーデックス、FAO＝国際連合食糧農業機関とWHO＝世界保健機関によって設置）は、有機栽培（オーガニック栽培）について「3年間、農薬、化学肥料を使わない畑での栽培」と定義しています。しかし、コーデックスで決められていると言っても、統一されたものではありません。

そこで、国際基準を設けるためドイツ、フランス、イギリスなどのオーガニック大国、ヨーロッパ諸国が中心となってオーガニック認証（認定）団体が設けられ、それぞれ独自の認定、認証基準を打ち出しています。

フランス「エコサート」以外の各国のオーガニック認証機関として、ドイツ「ＢＤＩＨ」「demeter（デメター）」「eco control（エココントロール）」「neuform（ノイフォルム）」、フランス「ecobio」、イギリス「SOIL ASSOCIATION（ソイルアソシエーション）」、アメリカ「ＯＣＩＡ」「ＵＳＤＡ」、オーストラリア「ＡＣＯ」、イタリア「SoCert」「ＡＩＡＢ」、ＥＵ「NaTrue（ネイトゥルー）」などがあります。

しかし、オーガニックコスメに関する基準は国によってさまざまなので、品質を維持するためにエコサートを含む欧州5団体（ＢＤＩＨ、エコサート、コスメビオ、ＩＣＥＡ、ソイルアソシエーション）が合同でオーガニックコスメに関する統一基準「ＣＯＳＭＯＳ（コスモス）」を策定しました。これは、世界でも厳しい審査水準を持つエコサートコスメ認証が基準となっています。１４００以上の企業、2万４０００以上の製品をこの基準はカバーしていると言われています。

コスモス基準には「コスモスナチュラル」と「コスモスオーガニック」の2種類の認定基準がありますが、「ナチュラル」の基準はオーガニックと言えるものではありません。

２０１５年から開始された新しいエコサートコスモス基準による「コスモスオーガニック」では、原料の生産者、販売者が表示されることになり、すべての流れが把握できるので消費者にとってのメリットは大きいと言えるでしょう。

残念ながら日本には出先機関はあっても対応が遅れています。海外でのエコサート認証取得の有無にかかわらず、日本ではエコサート認証が取得できている工場で製品化することで認証の取得が可能です。逆に、海外でエコサート認証を取得した原料でも、日本ではエコサート認証を取得していない工場で製品・製造をすると、エコサート表示をすることができません。

ヘナ輸入後もさらに検査

私のヘナの販売会社（株式会社ラクシュミー）では、輸入後の日本でも公的機関で検査を受けてから出荷し、「最高級のヘナ」をお客様に提供できるように努めています。

化学染料が入っていないかを調べるため、㈶日本食品分析センターにて、酸化染料のパラフェニレンジアミン混合の有無の検査を行なっています。以前は、契約している化粧品製造業者経由で神奈川県産業技術総合研究所（現在、神奈川県産業技術センター）にて依頼していました。この検査は毎年、収穫後のヘナを新たに輸入したときに必ず行なっています。

オーガニックハーブシリーズの「オーガニックハーブR」（成分はヘンナ。赤オレンジ系の色に染着）、「オーガニックハーブB」（成分はナンバンアイ葉、ヘンナ、アロエベラ葉、カシアアウリクラタ葉。ヘンナで赤く染着した部分を茶色系に染着）、「オーガニックハーブC」（成分はカシアアウリクラタ葉。継続使用で薄いベージュ系の色に染着）の3商品すべてです。検査の価格は、1検体3万円です。

ローソン（色素）量の値についても契約している国内の化粧品製造販売業者に委託し、その会社の検査部門で行なっています。

ナチュラルヘナ「オーガニックハーブR」の２０１１年のローソン量の平均は０・58％、２０１２年の平均は０・39％、２０１３年の平均は１・６％でした。２０１１年には通常の検査後、１日置いた状態で再度分析すると定量値は２・40％と値が上がりました。ヘナは１日置くとローソン量も増えてきます。

インターネット通販（オーガニックヘナ専門店「エコロジーショップ」）の登録顧客数（個人）は５０００名ほどで（２０１５年10月現在）、美容室関係、理容関係も登録されています。

熊本の「アロマとハーブのお店　Cutie（キューティー）」は、本体が薬局を経営しているお店です。「薬品の場合は分析資料があるのに、ヘナを扱う業者を何社も訪ねても分析資料を持っているところがなかったが、ラクシュミーには分析資料があったので契約を決めた」と言われました。２０１１年４月から商品の販売を開始し、２０１４年の商品の総売上額のうち、ヘナの売上額は５００万円になります。

ヘナに関する新たな試み

エコサート認証を取得している会社を探していた６年前の２００９年、現在の取引先に出会いました。インド人オーナーの植物に対する探究心とチャレンジ精神がなければ、これだけ品質の高い商品には出会えませんでした。

そして、さらに新しい試みとして2014年、ヘナの粉砕方法を変えてみました。
従来の方法であるグラインダー（研削盤）での粉砕では摩擦による発熱で植物の酸化が進み、ヘナの有効成分が同時に劣化し、ローソン（色素）量も半減することがわかりました。ローソンは熱に弱いため高温で色素量が激減してしまいますが、新しい粉砕法では熱がコントロールでき、酸化を最小限に抑えることができたのです。
現在の使用しているヘナと比較してみると、
【溶くとき】以前より緑色（最初の粉の状態）／粉が細かいので、砕きやすい／においがまろやかで、ヘナ臭が少ない／粉の量が以前より少なくてもよい
【塗るとき】たれにくいので、顔まわり、眉毛に塗ったときに安心／生え際ぎりぎりを塗ってもたれにくい（生え際染まりやすい）／伸びがよいので塗りやすい
【塗り終わったとき】色の染まりがよい／色の染まりが深い／髪の艶がとても出る／シャンプー後のヘナ臭が少ない
ローソン量の変化にも新たな発見がありました。新しい粉砕方法でのヘナのローソン量は安定して3・5％でした。ナチュラルヘナ「オーガニックハーブR」の2015年の値が1・5％でしたから、驚異的な数値を示しています。ヘナは1日置くとローソン量も増えますが、新しい粉砕方法だとその

ますぐに使用できます。

色素量が増えたことで、色の染まりがより改善され、いままで以上に深みのある色合いと艶感が実現できます。また、トリートメント効果もいままで以上に効果的になりました。

ヘナの持つ本来の力を十分発揮させる商品化が可能になったことで２０１６年、今までのヘナよりさらに進化させた商品を日本市場にご紹介できます。使用される植物はすべて２０１５年から開始されたエコサートコスモス認証を取得したものです。窒素充填をしながら粉砕した植物は酸化防止をしながら、摘みたての状態で使用できます。

衛生面やランニングコストから量産は今後の課題ですが、いままで出すことができなかった色の深さや時間短縮が可能になりました。また、ほかの植物染料との組み合わせで新たな色彩の可能性も出てきたことで、世界で初めて、植物の組合わせだけでの色出しにも成功しました。

20年以上、夢に見てきたことが実現に向けて動き出しました。

化学薬品による経皮吸収の危険性もなく、植物による癒しや心地よさを多くの方々に実感していただけるのが何よりもの願いです。５章でまたくわしくお話しします。

ヘナ講習会を全国で開催中

初の著書『トリートメントヘアカラー　ヘナ』を１９９８年に出版後、ヘナは急速に一般大衆の間にも広がりを見せました。多くの美容室でも普及し、ドラッグストアや大手通販などでもこぞって販売を開始するなど広がりを見せたのですが、残念なことにヘナのまがいものまで出はじめました。

国民生活センターに苦情が多く寄せられるといった事態に、もう一度ヘナの正しい情報を伝えたいと思い、初心に戻って学術名「ヘンナ」を使って普及していこうと思い、2冊目の著書『美髪再生―髪にやさしいヘンナをはじめましょう』（メタモル出版）ではあえて「ヘンナ」を使いました。

しかし、『美髪再生』を出版したもののヘナのことがなかなか伝わっていきません。それならば直接、皆さんにお会いして伝えようと思い、2009年から毎週、月、火、水曜日の3日間、各地でヘナの講習会、ワークショップを開催しています。これは現在も継続中で年間約150日の時間を費やしています。それ以外の日（木、金、土、日曜日）はヘナの施術はスタッフに任せ、お店でカットのみしています。

講習会、ワークショップの目的は〝髪をより美しくする〟という単純なものです。いままでの足し算の美容から、すべて引き算という新たな試みです。

各地で中心になる方々のお世話になり、同じ地域に年3、4回は伺って、同じ方々の髪の変化を確認しつつ、髪の毛の新たな可能性を一緒に模索しています。全国に少しずつ拠点ができてきました。マンツーマンで個々の悩みにお答えしながら、本当にきれいな髪に変化して行くよう、シンプルに引き算をしながらほかの施術をしない、習慣を変えることで未来が変わるということを実体験していただいています。

講習会に、美容師も参加されることがあります。私が美容師のみなさんに伝えたいのは「本当のきれいをお客様に手渡せば、お店は必ず繁栄する」ということです。

簡便性を求めてジェル状のヘナを製造・販売した過去の経験を反省し、昔からのやり方をお伝えしています。また、一般名称は「ヘナ」として周知されていますので、この本では「ヘナ」と呼ばせていただいています。

ワークショップ参加者の声

スタートから7年の歳月が流れ、数千人の方々に関わってきました。新しいヘアケアの体験を通して、本来の髪のきれいを実現していくことで、たくさんの方のきれいな髪を実現できたと思っています。各地のワークショップ参加者の声をいくつか紹介します。

長野県松本市のワークショップで出会ったのが、友人から「おもしろい美容師の先生がいる」と誘われて参加された樋口有紀さんです。いままで美容師から聞いたこともない言葉が次から次と私の口から飛び出すことに大変驚かれたそうです。

「どうしてそんなに頻繁に髪を切る必要があるの？　カットとパーマとカラーで1万６５００円、１年で20万円、５年で１００万円。それでその頭だったらそのお金で美術館に行って、自分の中身に投資しなさいよ」「だいたいおしゃれな人ほど、髪が傷んでいるの。いじりすぎ！　パーマをかけて、白髪染めやって、髪があるうちはいいけれど、そのうち薄毛になってそれもできなくなる！」「髪が壊れちゃっているよね。髪は傷みを感じないけど、からだのように傷みを感じてたら緊急手術レベル。

首だけ上を店に持って帰ってヘナしたいよ」。

そして「髪は本来とても美しいもの。髪は神に通じる。35年以上の美容師歴の中で、唯一髪を美しくしてくれるものがヘナだった」の私の一言に押されて、3週間ヘナを試しました。するとくせっ毛で硬かった髪は指通りがよく、さらっとして気持ちのよい髪になってきました。まわりから「ツヤツヤしてきれいだね。何を使っているの?」と聞かれるようになりました。

ヘナを使っている友人からすすめられて参加したKさんは、髪質は悪くはありませんでした。しかし肌が弱く、パーマ液もヒフにしみてにおいも嫌い。ヘナもそんな感じだろうとイメージしていましたが、ヘアケア商品の恐ろしさを実感されました。ヘナを使用しておしゃれな仕上がりを感じ、さらに4カ月後、髪質と納まりがよくなったことを不思議がられています。

カラーリングで悩んでいたときに参加したまゆみさんは、カラーリング時のピリピリが嫌だと思いながらも、やめられずに悩んでいました。「髪は細くてコシがなくて力がない。半年ヘナを続ければ確実に変わる」とアドバイスしたことから、週1回のヘナを数回施しただけで艶とコシが出てきました。「髪が変わると気持ちまで明るく元気になる」と不思議がっています。

長野県安曇野市のワークショップでは、中野あやさん、平栗美保子さんの母娘と出会いました。娘のあやさんは白髪が少し気になり出した4年前に参加。いままで何種類ものヘナを使ってきたそうですが、1週間に一度のヘナの塗布をはじめたところ、くせ毛で量も多かった髪が驚くほど変化してきました。そのあやさんの髪の変化に一番驚いたのが76歳のお母様でした。

クセ毛で悩んでいたお母様は3カ月もカットしていないあやさんの髪が整っていることに驚きまし

た。１週間に一度のヘナを実行し、しばらくしてカットしたとき、動きのあるハイカラな髪型になっていました。クセが変わっただけでなく、額の生え際から黒い髪が生えてきて、久し振りに会った友人から「前よりずっと黒くなった」と言われて、さらによろこんでいます。

石川県金沢市のワークショップで出会ったのはヨガスタジオを経営している小谷真由美さん。「自然派、オーガニックヘナ」と宣伝している美容院で真っ黒に染められた経験があります。

参加者の多くは食べるものや身につけるものに気を使っていても、「髪の手入れというのは意外な盲点だった」とおっしゃっていたのが印象に残っています。「健康に気を使って無農薬の食品を食べている人が、髪はカラーリングしているというのは、月に1回、農薬をがぶ飲みしているようなもの」「カラーリングでダメージを受けた髪を、人工的な保湿剤たっぷりのトリートメントでごまかしているのは、家屋がその土地の風土に合っていない安い（弱い）外国産の木材を使って表面だけ化粧板でごまかしているのと同じ」「ヘアスタイルにも年相応がある。髪が伸びるのは時間がかかるのですぐには変えられない。手遅れになる前に計画的に自然に戻したほうがいい」と私からズバズバと指摘されてかなり耳が痛かったそうですが、いまでは「ヨガで体と心のつながりを取り戻し、本来の健やかさ、強さを取り戻そう、キープしようと考えている私たちの心にすっと染み入りました」とおっしゃっています。

私のヘナの本がきっかけで長野県諏訪市でのワークショップで出会ったのが浜野きよみさんです。「自然界の恵みで、髪ばかりでなく同時に心までトリートメントされていたことを実感した」とのことで、最初は1回限りだった諏訪でのワークショップも今年で7年目になりました。

ワークショップで初めてヘナのことを知ったというのが、北海道旭川市で出会った裏地恵さん。髪の悩みも感じなかったけれど「ショートにしなければいけない理由は何？　ヘナをして伸ばしてみたら？　ラストチャンスだから」と私が投げかけた言葉から「ヘナで、美髪再生のロングにしてみよう」と決められました。くせ毛も扱いやすくなって、髪が整うようになり、整体の先生から「髪がずいぶん艶々ですね。何をされているのですか？」と声をかけられたり、友人からも髪をほめられるようになって、ますます毎週のヘナ時間を大切にするようになりました。その整体の先生（50代男性）もプールの塩素で傷んでいた髪をヘナで改善されたそうです。また、ヘナをはじめてシャンプーの回数が減り、汚れにくくなったことも実感中。丸2年美容室でカットもせず、ヘナだけになったそうです。

講習会に参加後、ヘナに移行した美容師が中島明子さん。お客様からも「髪がきれい」とほめられるようになり、さらに容姿もほめられるようになったそうです。中島さんは「ヘアカラー使用者の頭皮・頭髪は細毛、薄毛を促進させています。美容師として選択肢、価値はお伝えしなければいけないと思っています。髪の変化は本人が一番感じられると体験しました。おしゃれ、美しさは人それぞれの価値観ですが、生まれてくるもとは、健康であったり、内面から出てくるものでもあるのかと、講習会、美容師の立場から感じました」とおっしゃっています。

ヘナ普及に向けて守るべき法律

各地でヘナが広まることを心より願っていますが、講習会などで守るべき法律があります。

美容師、理容師以外が施術（人の体の首から上をさわったり、カットなどの施術）をした場合、国が定める「美容師法」の第18条に基づき、免許を持っていない者、または免許を持たずにお店や出張で施術した場合を含め、30万円以下の罰金が課せられます。

美容師、理容師以外が髪に関する講習会を行なうことは可能ですが、講習会内での施術には免許が必要です。ただし、マネキンを使用しての場合は免許がなくても行なえます。

疾病、からだの障害などの理由から、来店できない人に対して施術を行なう場合や、たとえば婚礼そのほかの儀式に参列する人に対して施術を行なう場合、その出張の範囲は各都道府県で許可の範囲が違っています。東京都では、健康でお店に来ることができる距離の方を出張で施術する場合は違反となります。

罰則は期間を定めた業務停止で、業務停止に違反した場合は免許の取消しとなります。

美容室運営のアドバイス

美容ディーラーとのつきあい

美容室が必ずおつきあいするのが美容ディーラーです。シャンプー、リンス、ドライヤー、イスなどを美容室に卸す問屋です。

美容室チェーンの最大手と言えば、阪南理美容（店名「プラージュ」は全国直営６００店舗以上。理美容業界で年商日本一）、そして、アルテ サロン ホールディングス、アースホールディングスがあります。

美容ディーラーの最大手と言えば、ガモウ（首都圏を中心に８５００店以上のヘアサロンに美容用品と美容情報を提供。全国で売上げがトップクラスの総合美容商社）、そして、きくや美粧堂、フジシンなどがあり、美容の情報を彼らが持っています。美容室に卸しているシャンプーやカラー剤のメーカーも決まっていて、欧州だとシュワルツコフ、日本だとアリミノ、ホーユー、ナカノなどが有名です。会社でヘアショーを開催しています。モッズヘアなどのフランチャイズは、本部にディーラーがいます。

美容室は何社かの問屋とつきあっていますが、これが問題なのです。美容室はこの問屋の情報を元に動いています。美容ディーラーの情報をそのままうのみにし、お客様にそのまま伝えているのです。たとえば、パーマ液は加温してはいけません。それは化学反応により反応熱が出るからです。それなのに、多くの美容室では時間短縮をするためにスチーマーなどを使用します。

パーマの理屈から言えば、加温してはいけないものを少しの時間短縮と演出効果のために必要のない機械を買わされ、その結果、お客様は反応熱によるヒフ疾患などという大きなリスクを背負うことになります。また、美容室側の機材への投資により、客単価が上がるという負のスパイラルに巻き込まれます。

このような仕組みを美容室が受け入れている背景には、美容ディーラーの一方的な理屈に押し切られているような美容室側の現状があるように思えます。

いままで、美容ディーラー主催の勉強会などで私が突っ込んだ質問をしても、薬品の説明もなければ、カラー剤の酸化染料の客観的データも説明もありませんでした。商品の説明のみです。何か問われることがあれば、製造元や輸入元の情報を伝えているだけです。

「髪が傷んだら、この商品を使ったらよい」と美容ディーラーは言います。でも、そんな対症療法では髪は直らないのです。髪が元に戻らないのだったら、髪を傷めることをやらないほうがよいと私は思いました。

美容ディーラーは求めるものも必要なものも持ってこないし、質問の答えも返ってこないのだから、本当のことを知りたいなら自分で調べようと思うようになりました。

また、シャンプーもディーラーから販売価格の６、７割で仕入れて、そのまま売ると利益は３、４割ですが、自分で製造して販売したら利益率もよくなると思うようになり、１００本くらいの小ロットから製造してくれるメーカーを見つけ、シャンプーを製造しました。

ヘナが流行ったとき、美容ディーラーが「いいものだ」と商売的に考えて美容室にヘナをばらまいたことがありました。しかし、酸化染料が入ったケミカルヘナでした。

黒く染まるヘナなので「酸化染料がどれくらい入っているのですか？」と聞いたら、美容ディーラーは輸入元のインド人に聞いて「３％です」と回答してきました。その科学的根拠もまったくなく、言われたものをそのままディーラーは信じ、それをそのまま美容室に伝えているだけです。

美容室は美容ディーラーの情報が頼りで、それ以外の情報がなかなかありません。美容師のコンサルタントまでやってくれます。美容室オープン時、初期投資が大きいので美容ディーラーが保証人になってくれることがありますが、これではなれあい、もたれあいの関係になります。

また、売れっ子美容師によるヘアショーを開催するなど、それも美容ディーラー中心です。ディーラーが美容室、美容師をちやほやして持ちあげてくれるのです。

美容室ディーラーの通販会社が近年、急成長してきて、ディスカウントで美容室に商品を届けています。メーカーも売れればよいわけですが、これからは従来の美容ディーラーは徐々に姿を消していくのではないでしょうか。

美容室の数&売り上げ

現在、日本全国にある美容室の数は23万4089です（2014年3月末、厚生労働省統計『衛生行政報告例』）。2295軒増加しています。美容師は48万7636人。前年より8127人増加しました。理容室の数は12万8127、理容師は23万4044人です。1美容室あたりの従業員数は2・1人です。

コンビニエンスストアの店舗数は5万3108なので（JFAコンビニエンスストア統計調査、2015年9月度）、その数はなんとコンビニの4倍以上になります。

また、全国の美容室の売上高（収入額）は1735625×100万円（2010年調査）。これを1事業所当たりの売上高（収入額）でみると986万円、1事業従事者当たり売上高（収入額）は383万円。

全国の美容室の平均客単価を見ると、
・パーマネント代（シャンプー・カット・ブローまたはセット込み。ショートで女性。ただし高校生以下は除く）は7729円。

・ヘアーカット代（ブロー込み。ショートで女性。ただしと高校生以下は除く）は３２９３円。
・ヘアカラーリング代（白髪染め。シャンプー、ブローまたはセット込み。ショートで女性）は５５４４円。（いずれも２０１１年、調査品目の月別価格及び年平均価格、県庁所在市及び人口15万以上の市）。

美容業界は、構造不況の業種のようです。今後の景気の動向を見ても、マイナス成長していくことが予測され、客単価も落ち込んでいくと思われます。いままでとは違い、お客様も必要なものにしかお金を払わないというかなりシビアな金銭感覚になっていくでしょう。

また、初期投資の段階でも徹底的なコスト削減が迫られてきます。そのために客単価、回転率などを考え合わせての投資、運営を考えなくてはいけません。

メディアに登場するようなカリスマと言われる美容師はほんの数％であって、特別な世界です。

美容室に演出は不要

美容室を開店するのに、初期投資をかけすぎです。

美容室は保健所の許可が必要で、「美容師法」上、シャンプー台は必須ですが、それが1台とセット用のイスと鏡、そしてドライヤーがあれば開店できます。あとは、シャンプー、リンス、ヘアムースなどの消耗品のみです。それと固定費の家賃、光熱費、人を雇うのであれば人件費です。

私は、美容室に演出は不要だと思っていて、ショーウィンドウ的に外から美容室内が見えることも必要だと感じていません。

私の美容室「カミドコ」は青山の骨董通りに面していますが、外から見えません。はじめて来られるお客様は戸惑う方も多いです。「フリーのお客様が来ない」と言って、見映えを立派にすることが初期投資のかけすぎにつながります。お金がないのなら工大することです。初期投資に2000〜3000万円もかけた上、数年以内につぶれた美容室は何件もあります。

私自身、青山という地域性は求めても、フリーのお客様を当てにしなくても、特別なこと（カットとヘナだけの専門サロン）をやっていればお客様は来るというスタンスです。こちらがお客様を選びます。休みもきちんととり、営業時間も9時〜18時として、自分自身のライフスタイルに合わせての時間設定にしています。

福岡「カミドコ」のチャレンジ

2012年4月、福岡の博多に「カミドコ」の2号店をオープンしました。福岡のお店はひとつのチャレンジです。

いままでの美容室は待つのみの経営であって、仕事の内容をアピールできていませんから、福岡ではサロンワークとワークショップという2本立ての運営をしています。サロンワークはヘナ専門。また、サロンでヘナのワークショップをし、お客様に深い理解をしてもらう場を提供しています。このことで仕事の内容がより明確になっていきます。その結果、集客へとつながっていくのです。

飲食店のように日本食、洋食、中華とジャンルを分けることができれば、選ぶお客様はよりわかりやすくなります。美容室に関しても、お店が何を提供できるのかをより明確にすることで、選ぶ側が選択しやすくなります。

ワークショップに参加されたお客様が仕事の内容を理解した上でサロンワークへと流れます。このように仕事をする側とお客様の側に深い理解があってこそ、よい経営が成り立つと考えています。

これから美容室をはじめようとしている美容師さんと話をしていて、非常に驚くのが初期投資に関する感覚と現実とのギャップです。資金が潤沢にないのであれば、投資は小さいほうがよいはずです。もちろん余裕があったとしても抑えるところは抑えます。ツケはお客様に跳ね返っていくからです。お店が軌道に乗ってよい状態になったら、いままでできなかった投資をすればよいのです。お客様が望むことはきれいな髪の実現です。付加価値も大切ですが、内容の充実なしに繁栄はありません。

次ページに、福岡「カミドコ」の初期費用と原価償却、そして月の売り上げ試算を載せます。

初期投資の内訳を見て、驚かれた方も多いでしょう。

初期投資に関しては、徹底的なコスト削減をしました。たとえば内装に関しては現状のままでほとんど手を加えず、鏡のまわりのみを日曜大工ですませました。いちばんコストのかかるシャンプー台の水まわりに関しては、現状の流し台の蛇口をシャワーヘッドに変えただけのものを使用しました（保健所の許可済）。シャンプーイス1台、セットイス1台でのスタートです。美容室を一人で経営するのにイスはひとつで十分です。

	項目	金額
家賃	敷金・礼金・家賃（１カ月）	80万7546円(*1)
	仲介料	9万9750円
	保険料	1万8000円
	計	92万5295円
備品	シャンプーボール	7万円（*２）
	シャンプーイス	3万5000円
	カットイス	3万5000円
	鏡	3万円
	ワゴン	1万5000円
	美容器具(ドライヤー、カラーほか)	3万円
	計	21万5000円
	エアコン2台	19万8635円
	CDコンポ	2万6800円
	家具など	13万1069円
	照明	5万円
	イス	5万2500円
	冷蔵庫	4万3980円
	照明	1万8359円
	掃除機	1万5000円
	物干し	5000円
	スリッパ(5足)	5250円
	傘立て	1万円
	雑誌ラック	5000円
	ハーブティのサービス一式	1万円
	カーテン	3万円
	計	60万1593円
	パソコン	10万円(*3)
	プリンタ	1万6480円
	マイクロスコープ	3万円
	計	14万6480円
合計		188万8369円

（注）
（＊1）2部屋（契約面積　41.59㎡）。
（＊2）マンションの現状のままでできるだけ利用することを考えて流し台の蛇口をシャワーヘッドに換えて代用。
（＊3）「福岡カミドコ」では、専門性を重視して頭皮の状態をチェックする機能を導入。
（＊4）月25日営業として、77万円。これに、店頭での販売売り上げがプラスされる。

福岡「カミドコ」は（有）クレアの協力によるものです。

月間売り上げ目標(*4)	ヘナ染	1日4人　3500円×4=1万4000円
	カット	1日4人　4200円×4=1万6800円
	1日合計	3万800円
1カ月の経費	人件費	20万円
	家賃	11万円
	水道光熱費	3万3500円、電気2万5000円、ガス代6000円、水道2500円
	通信費	1万円
	材料費	7万円
	減価償却費	6万2500円
	合計	48万6000円

減価償却費は１８０万円を2年で償却する予定で、材料費は売り上げの2割として計算しています。自宅での開業も十分可能なのです。ただし、美容室を開業するにあたって、作業場の面積は各都道府県によって異なり、福岡市では6平方メートル以上、東京都では13平方メートル以上と決まっています。各都道府県で確認してみてください。

このようなコスト削減は、結果としてお客様の客単価を下げることにもつながります。今後、マイナス成長していくであろう美容業界の新たな試みです。

福岡「カミドコ」はオープンして、丸3年が経ちました。

店舗の目的はヘナを普及させるためのワークショップ開催、九州や中国地方でも多くの方々に新しい形のヘアケアの提案をすることで、一般の美容室とは形態が異なる独特の経営に挑戦しました。毎回新しいお客様が来店、高リピーター率、営業できなくてもヘナの注文が入ってきていますが、月1日の営業、カットと商品の売り上げのみのため、現在はぎりぎり家賃が払える状態です。まだ課題は残されています。

福岡「カミドコ」の実質上のオーナーである㈲クレアの徳永佳子さんが、ワークショップを開催して実感したことについて、次のように述べています。

（1）現在の髪の状態を専門家の立場から意見を聞ける。
（2）他人の評価を聞くことで自分に置き換えて見つめ直すことができる（自分のことはなかなかわかり

づらいのとと同時に、まわりの人は悪いことは言ってくれない）。

（3）いままで使っていたヘアケア商品がどんなものだったかを知る機会になる。

（4）実際にヘナを使った人の感想を直接聞くことができる。

（5）2回目以降、まわりの人の髪の状態の変化を間近で実感できる。

（6）ヘナを使っていないまわりの人からの自分の髪への評価が高まると、その理由を聞かれ、ワークショップへの参加希望者が増える。

（7）ヘナのよさを実感した参加者はリピーターになり、定期的なヘナ購入者が増える。

「イメージチェンジや白髪隠しのためにヘアカラーやパーマをされている方は取り返しがつかない〝負のスパイラル〟に振り回されています。ヘアカラー剤やパーマ液にはからだに有害な物が入っています。自分自身の大切なものを磨き、育てるということを、いま一度考え直していただきたいです」（徳永さん）。

お客様一人ひとりの髪の毛が蘇り、美しくなる本来の目的は、福岡「カミドコ」でも達成できていると思います。

第5章

ヘナ

ヘナでカラーリング

ヘナはこんな植物

そもそも、ヘナとはどういう植物なのでしょうか。

ヘナは、3~6メートルほどの自然の低木樹木です。花は4枚の花弁で白色、葉は緑色。長さ2センチ、幅1センチほどの卵形に近い楕円形をしています。その葉を粉末にしたものが通常はヘンナ、商品としてはヘナと呼ばれ、染料として使われています。

◆ヘンナ（ヘナ）
【科名】ミソハギ科　【学名】Lawsonia inerma　【一般名】Henna　【和名】指甲花《しこうか》
【自生地】北アフリカ、東南アジア、インドの水はけのよい土壌で日の当たる場所

世界でもっとも品質がよいと言われるヘナは、インドのラジャスタン地方で収穫されるものです。ラジャスタン地方はインディア砂漠地帯に位置し、日中平均気温は50℃、夜は10℃に下がるという1日の温度差の激しい地域です。雨量がわずかで湿気も少なく、人間にとっては非常に厳しい過酷な環境ですが、この環境こそがヘナにとって理想的な環境なのです。

ヘナの粉は葉や茎からつくられますが、品質のよいものは葉だけを粉末にします。

ヘナの古い歴史

ヘナは紀元前、古代エジプト時代から使われてきた植物で、ヘナの花の香りは聖書で「カンファイアー」と呼ばれるなどかなり古い歴史があります。英国の大英博物館にはヘナで髪を染めたミイラが展示されています。

そのほかヘナには、

＊古代から髪やまゆ毛、ひげ、爪などの染色に使われていた。

＊アラブ種の白馬のたてがみを染めるときに使われていた。

＊花の香りからつくられる精油「メンディ」は香水として珍重され、アラブでは宗教的な祝祭に用いられていた。

＊殺菌・脱臭作用があり、水虫の常備薬やわきの臭い消しに使われていた。

＊インドの伝承医学アーユル・ヴェーダでは、切り傷・潰瘍・炎症などに使われていた。

染色だけではなく、幅広く使用されてきた歴史もあります。

モロッコの遊牧民族の自然信仰では、物には「バラカ」（アラビア語で「祝福」、超人的能力を指して用いられる語）が宿っているとされ、ヘナは「バラカ」に満ちていると信じられています。

いまでもイスラム世界では吉祥（よい前兆。めでたい兆し）を呼び込むものとして、ヘナでからだ模様を描きます。インドでは結婚式などで「メンディーワリー」という女性の美容師が手足に吉祥模様を描くボディペイティングをして祝福しますが、それに使われている染料もヘナです。

和名であるシコウカ「爪の花」は、ツマクレナイ「爪を紅に染める」という意味で、爪の補強、マニキュアにも使用されてきました。

ネパール中央部ではからだに色を染めつけるのにホウセンカが使われていて、これがヘナと似ています。全草、特に葉を潰してウコンと塩、油を混ぜ、手に模様を描いた後、しばらくそのままにして洗い流すと、手に赤褐色の模様が染めつけられます。若い娘が使っていて、ネパールでは宗教的な伝統となっています。一年草のホウセンカ（ツリフネソウ科）は、日本では庭園や家庭の花壇に植えられています。

呪術の世界では、魔除けとしても使われていたようです。

精霊花、禊萩《みそはぎ》もミソハギ科で、日本では「盆花」と呼ばれています。禊萩を使って、塔婆を清めたり、先祖を供養したりしています。「禊ぐ」という言葉は身体と心を浄めるという意味があります。ヘナにはそういった力があるのかもしれません。

ヘナは、世界でも日本でも古くから使われてきたミソハギ科の植物です。

白髪をオレンジ色に染める

ヘナの染色作用のメカニズムは、ヘナの葉に含まれる赤色色素「C10H6O3＝ローソン」による働きです。

ローソンは、酸性の溶液の中で毛髪の主成分であるケラチンにからみつくという性質を持っていて、ヘナの赤色色素が毛髪内のケラチンにからみついて髪の毛が染まるのです。

ケラチンとは、毛髪や爪、ヒフの角質層を形成するたんぱく質のことで、毛髪や爪は硬ケラチン、ヒフ角質層は軟ケラチンと呼ばれています。

ヘナは白髪にしか染まりません。白髪をオレンジ色（赤色）に染めることができます。つまり、ヘナの効果は白髪にしか有効ではありません。基本的に、黒髪には色がつきませんが、なかには髪質、染色頻度によって深いワインレッドになることもあります。残念ながら、白髪がない人のカラーリングにはヘナは不向きと言えます。

ヘナは究極のトリートメント剤

ヘナは、白髪をオレンジ色（赤色）に染める染料というだけではなく、究極のトリートメント剤としての効果がとても高い植物です。

ヘナの葉には収れん作用があります。収れん作用とは、たんぱく質を変性させることにより、組織や血管を引き締める作用です。表皮のいちばん外側の角質などに含まれるケラチンを変成させ、緻密なバリアを形成し、同時に引き締める働きをします。

このヘナの収れん作用が、毛髪のキューティクルを形成するたんぱく質を変性させて、引き締める働きをします。その作用で、定期的にヘナを繰り返すことで、髪の毛にコシとツヤが出てくるのです。髪の毛が丈夫になり、抜け毛も予防されます。

白髪しか染めることができないヘナですが、特に髪が傷んでいたり、くせ毛で悩んでいたりする方におすすめします。ヘナの持つトリートメント効果で、コシのあるツヤやかな髪を手に入れることができます。

そして、なんといってもヘナをはじめとする植物染めがすぐれている点は、安全なことです。合成染料のカラー剤のように髪を傷めたり、かぶれなどのヒフ障害や視覚障害を起こしたりする危険性がほとんどないと言ってよいでしょう。万一、目に入ったとしても水で洗えば大丈夫です。しかし、これもあくまでも天然100％のナチュラルヘナの場合で、ブラックヘナやブラウンヘナのようなまがいもののヘナ、ケミカルヘナではダメです。

若い人たちにもぜひ、トリートメント効果バツグンのヘナを使ってほしいです。

まがいもののヘナ

1990年代後半のヘナの流行後、まがいもののヘナや品質の悪いヘナが出回るようになりました。まがいものとは、ヘナの中に酸化染料やそのほかの合成染料を入れ、いかにも天然らしさを売りにして、消費者を騙す商法です。

美容室で「ヘナの色、何色にしますか？　ブラウン、ブラック、それともイエロー？」といった質問をされることがあります。しかし、ヘナの色はオレンジ（赤色）1色で、ほかの色はありません。色のバリエーションがあるのは、ヘナに酸化染料かHCカラーなど合成染料を加えているからです。

ヘナという植物で白髪に染まる色は1色で、黒髪の部分は色の変化はありません。ここをまず、理解してください。

そして、ヘナといっても、なかにはヘナそのものが粗悪な商品もあります。植物の分析は難しく、成分を特定することはほとんど不可能に近いですから「１００％ヘナですよ」「１００％植物性です」と言われても、そのあたりに生えている雑草を乾燥させ入れているかもしれません。

これまでは、せっかく自然なヘナで染めたいと考える消費者を欺いていることになります。しかし現状は、美容室でもこれらのまがいものが使用されています。

美容師からヘナの色のリクエストを聞かれたら、そのお店はやめたほうがよいです。ヘナが入った酸化染料のカラー剤で染めあげているからです。

この背景には、年々伸びるヘナ需要、ヘナと名がつけばどんな商品でもよいといったように素材の吟味がされていない現状、メーカーも輸入の際に自主的に成分分析などをする会社が少ないなどがあげられます。また「ヘナの染着効果は白髪だけ」という特徴を正しく理解していない業者、美容師、お客様がまだまだ多いのも現状です。

ヘナでかぶれたというお客様の話も耳にします。しかし、美容室側はそんなクレームを聞くこともなく、お客様は他店に行くケースがほとんどなので、被害の実態そのものもわかっていません。

かぶれるヘナもどき

「植物・安全・自然」というキャッチフレーズで、ヘナは急速に認知度を高めました。薬事法の改正もあって、ドラッグストアなどでも手軽に入手できるようになりましたが、「安全だと思って使用したのにかぶれた」という問い合わせが多く寄せられるようになった国民生活センターは2007年、「ブラックヘナ」「ケミカルヘナ」「化学染料を含む」などの表示があるヘナを検査しました。

検査理由は「真っ黒に染まるというヘナがあり、ヘナではかぶれを起こさないと思い使用したものの、湿疹、かゆみが生じたので、問題となる染料が使用されていないか調べてほしい」と消費者から原因究明テスト依頼があったからです。

テスト商品は7商品。いずれも医薬部外品ではありませんが、医薬部外品にしか使用できない酸化染料が含まれていました。アレルギーの原因になる酸化染料のパラフェニレンジアミンが7商品のすべてから検出され、含有量はもっとも多いもので11％、もっとも少ないもので3・1％、明るい黄褐色に染まる酸化染料のパラアミノフェノールを含んでいる商品もありました。

「微量の化学染料入りヘナ」とか「人工染料混合ヘナ」という表示をつけて販売され、多くの女性が「ヘナ＝自然」と考えて購入し、使用した結果「かぶれる」という症状を引き起こしました。パッケージには「微量の化学染料入り」と書かれていますが、酸化染料の含有量は決して微量ではありませんでした。一般的な染毛剤と比べても、比較的高濃度のものと同程度、配合されていたという結果が出ています。

検査した「ブラックヘナ」などのケミカルヘナの商品に含まれていると思われる成分は、次の通りです。

◆パラフェニレンジアミン（P‐フェニレンジアミン＝PPD）

【毒性】刺激性があり、多くの人が接触ヒフ炎を起こす。蒸気は目の炎症を起こすことがある。ヒフからの吸収、蒸気または塵埃の吸入、あるいは摂取により心臓血管系に重い症状を起こすことがある。粘膜刺激が強く、アレルギーを起こす。強い変異原性があり、発がん性が疑われている。

◆ピクラミン酸

【毒性】人によってはアレルギーを起こす。発がん性、環境ホルモン作用がある。

◆過酸化バリウム

【毒性】バリウムイオンはすべての筋肉に対して持続的な刺激となり、異常な筋収縮、心臓では不規則な収縮による心停止、また、嘔吐、下痢も起こし、脊髄刺激症状を起こすこともある。

これらの化学染料を含んだ商品がヘナとして売られ、消費者はヘナ１００％の「ナチュラルヘナ」だと思って使用した結果、トラブルを起こしたのです。

実際、ヘナをしているのに「髪がきれいにならない」「かぶれた」という相談を受けることがあります。このような相談をされる方は決まって髪の色がこげ茶か、黒に染まっています。合成染料によるヘナ、いわゆるヘナもどきと言われる染料で染めているからです。

残念なことに美容室で行なわれているヘナのほとんどがまがいものという現状で、お客様は安心・安全を求めて染めているのに、かえって髪が傷んだり、かぶれたりしているのです。美容師も商品を扱うメーカーや美容ディーラーすら、ヘナを理解していないのが現状です。

染まらないヘナ

「染まらないヘナ」について2006年、国民生活センターが調査を実施しています。販売されている各商品のローソンの含有量を調べたところ、テスト対象商品12商品（シャンプー・リンスを含む）のうち、8商品からはほとんど、あるいはまったくローソンが検出されませんでした。また、ヘナが検出された商品のうちローソン含有量が最高で1・20％。なかには0・03％という商品もありました。これでは染色する力すらありません。

国民生活センターでは「ヘナが検出された6商品のうち、パウダータイプとクリームタイプの5商品は半分しか染まらず、クリームタイプの1商品はほんど染まらなかった」という分析結果も発表しています。

このようなまがいもののヘナが出まわった結果、「ヘナは染まらない」「ヘナはかぶれる」といったことが消費者の中に根づいたことが残念でなりません。

ヘナからほとんどローソンが検出されなかった商品を販売していた会社（株式会社コジット、三宝商事株式会社、株式会社純ケミファ、株式会社ゲンキ）は、「非常に驚いている」とのコメントを出していましたが、公正取引委員会はこの事態を重く受け止め、２００７年６月、４社に対して排除命令を出しました。

製造者（製造元）の中には明らかに危険とわかっていても、偽りの表示、偽りに近い表示を平気でする人たちがいます。また、知識がないまま、調べもしないで、販売している人たちもいます。

商品をそのまま素直に信じることができればいちばんよいのですが、安全に関しては、消費者は自分の知識や五感をフルに使って、自分の身を守ること、賢い消費者を目指すことが大切です。

国民生活センターの調査（２００６年、２００７年）によれば、当時、対象になったおよそ20社は、どこも成分分析を行なっていなかったという結果でした。

ナチュラルヘナ&ケミカルヘナの特徴

「ナチュラルヘナ」とは、ヘナの葉の粉末しか使用していないヘナのことです。葉を粉末にして使用しますから、色はうぐいす色。香りは抹茶に似た自然の香りがします。水に溶いても色はうぐいす色です。これが収穫されてから時間が経っていたり、保存状態が悪くて日に当たったりして鮮度が落ちたヘナは、黄土色や茶色に近い色になり、品質も落ちていきます。ヘナを購入したらできるだけ早く（開封して３カ月）使い切ることです。

一方、黒く染まるヘナとして売られている「ブラックヘナ」には、ジアミン系の酸化染料が入っています。入っていなければ黒くは染まりません。ヘナでかぶれたという方のほとんどは「ブラックヘナ」を使っている方です。

以前、私（森田）が調べたインド産の「ブラックヘナ」の中に劇薬である「過酸化バリウム」が入っていました。これで、かぶれないほうがおかしいです。

「ブラックヘナ」の色は黒々としています。においも抹茶のような自然の香りはせず、金属系のにおいがします。ツーンとくるような嫌なにおいです。また「ダークブラウンヘナ」は、髪の毛を黒ではなく、暗めのブラウンに染まります。これも「ブラックヘナ」同様に、酸化染料が入っています。粉の色が茶色の場合が多く、グリーン系のものもあります。初めてヘナを使う方は「ナチュラルヘナ」と間違ってしまうかもしれませんが、「ブラックヘナ」同様、水に溶くと黒くなり、金属系のにおいがします。酸化染料などが入っているため、やはりかぶれを起こします。

ジアミン系の酸化染料が入っているかどうかを調べる簡単な方法があります。白色か薄い色の毛糸を用意します。それを調べたいヘナに10分間浸しておきます。10分経ったら水で洗い流し、毛糸の染色状態を観察します。きれいに黒くまたは茶色く染まっていたら、間違いなくジアミン系の酸化染料が入っています。「ナチュラルヘナ」では10分という短時間で染まることはありません。また、色がついたとしてもオレンジ系の色です。

「ブラックヘナ」「ダークブラウンヘナ」以外にもケミカルヘナが販売されていますが、ヘナは1色であってオレンジ色（赤色）にしか染まりません。これを忘れないようにしてください。

「ナチュラルヘナ」の見分け方

「ナチュラルヘナ」とまがいもののヘナを見分ける簡単な方法があります。

それは、手間と時間がポイントです。手間と時間がかかるのが、天然植物成分のみ「ナチュラルヘナ」。逆に、手間と時間がかからないのが、まがいもののヘナ。

手間と時間を惜しみ、なるべくラクをしたいと思う気持ちは誰しもありますが、実は手間と時間を惜しめば惜しむほど自分のからだに対して悪影響を及ぼす危険性が高くなると考えてください。

手間と時間を惜しんで、その場しのぎの短い目で自分の髪とからだを壊していくのか、手間と時間をかけて先を見た長い目で自分の髪とからだを大切にしていくのか、どちらを選ぶかです。

買う、買わないといった選択の自由は誰にもありますが、私たち消費者である買う側が意識を変えていくことで、よりよい商品を手に入れることができるのです。

ヘナによるカラーリングのやり方は簡単です。自分ですれば、美容院よりもリーズナブルな価格でできますので、コストのことを考えれば、自宅で施術されることをおすすめします。慣れてしまえば、きっと楽しいヘナの時間が待っています。

週に1回、髪の毛にコシとツヤを出すことを目的に、ぜひヘナでトリートメントをしてみてください。若ければ若いほど、長くやればやるほど、髪の毛はきれいになります。

ツヤ、コシのある髪は、一生の財産です。

インディゴと合成染料

ヘナを扱うメーカーがヘナと併用して使用しているのが、インディゴ（【科名】マメ科　【学名】indigofera tinctoria）という植物です。ヘナで染まるオレンジ系の色を暗めに変化させる改善策として使われています。

4000年以上にわたり染料の藍の原料として使用され、インドでは黒髪の色を濃くするためにこの葉を使い、中国では根と葉をうつ病、分泌腺の腫れ、あせもの治療に用いています。葉には、抗がん作用があるとも言われています。

一方で、国内での症例で、インディゴ100%を使用後、1年以上顔が青く染まり、白目も同時に染まったなどの問題点も報告されています。インディゴはアルカリ領域で発色するため、ヘナとの相性がよいとは言えません。長時間インディゴを使うと、髪はパサついてきます。

ヘナを使用後、色の改善、暗くするためインディゴの使用や、酸化染料やHCカラー、塩基性染料、金属媒染（合成染料）までもが出まわるようになりました。これでは、「ナチュラルヘナ」でせっかくきれいになった髪が台無しです。色の改善はまだまだ研究の余地がありそうです。

ヘナは回を重ねるごとで色に深みが出てきます。週に一度のヘナがおすすめです。最初はオレンジ系の色が気になる人も、3カ月ほどすると落ち着いた色に変化してきます。

シアバターやアルガンオイルを併用することでかなり落ち着いた色に変化します。このような方法で、きれいでツヤやかな髪を保つことができます。色を求めてパサつくよりも、きれいな髪が最優先です。

酸化染料入りヘナ

酸化染料入りヘナは、ヘナと呼ぶべき商品ではありません。ヘナは化粧品のカテゴリーですが、ヘナという名前を出して、染毛剤（医薬部外品）で販売している商品もあります。

酸化染料入りヘナを無許可で販売した場合、以下のような罰則があります。

酸化染料を含むヘナを薬事法に従い医薬部外品としての承認を受けないで販売した場合の罰則（厚生労働省）は、3年以下の懲役若しくは300万円以下の罰金に処し、あるいはまたはこれを併科。

また、酸化染料入りヘナ販売の許可は受けているが景品表示法（不当景品類及び不当表示防止法）に違反し、その措置命令に違反した場合の罰則は、以下のような罰則があります。

酸化染料を含むヘナ商品の表示が、誤認を招くような（たとえば100％天然など）表示であった場合の措置命令違反に対する罰則（消費者庁）、2年以下の懲役又は300円以下の罰金、また、当該事業者は3億円以下の罰金。

一方、美容室、美容師が酸化染料入りヘナを無許可で施術した場合の罰則はありません。

美容室または美容師が酸化染料入りの植物染料を天然染料などと偽って施術した場合、または知らないで施術した場合も含め、美容師法では罰則はありません。

お客様から訴訟を起こされた場合、法的罰則が科されるか、科されないかになります。客が訴訟を起こす場合はアレルギー症状やヒフ障害などが発生した場合ですので、製造物責任法（ＰＬ法）による訴訟となり、訴えられる被告側の範囲は美容室のほか、ディーラー、メーカーまで入る可能性があるります。

景品表示法に違反し、その措置命令に違反した商品を美容室が販売した場合、罰則が科せられます。

また、景品表示法（消費者庁）の範囲では美容室が法的罰則を受ける場合があります。ディーラーもしくはメーカーなどから購入した商品が景品表示法に違反し、その措置命令に違反した商品を顧客に直接販売した場合です。この時の罰金も2年以下の懲役又は３００円以下の罰金、また、当該事業者は3億円以下の罰金となります。

景品表示法は「B to C（企業・個人事業主と一般消費者）」の関係のみに適用されるため「B to B（企業同士）」には適用されません。したがって美容室とディーラー、またはメーカー間では景品表示法に関する罰則が発生しません。

「B to C」により美容室が景品表示法違反で罰則となった場合、美容室はディーラーまたはメーカーに対し訴訟（企業間のPL法訴訟）を起こすことで結果、ディーラーまたはメーカーに法的罰則が科せられるか、科せられないかとなります。

カラーリングのメリット&デメリット

どんなものにもメリットがあれば、デメリットもあります。

ヘナと酸化染料入りのカラー剤のメリットとデメリットをあげてみます。

ヘナ商品の売れ行き

では次のページから、「ナチュラルヘナ」を取り扱っている企業（7社）のナチュラルヘナとヘナ入りの商品（14商品）の成分を見ていきましょう（2012年発売当時）。

	メリット	デメリット
ヘナ	・有害性がない ・低刺激である ・髪にツヤが出る ・髪にコシが出で丈夫になる ・頭皮環境を整える ・素手で塗布できる ・子どもが使っても大丈夫 ・抜け毛が減る ・くせ毛が扱いやすくなる ・有機物なので環境への負担が少ない（ほぼない） ・成分がシンプル ・化学物質を使用していない（自然派、無添加など）から、安心 ・アレルギー体質の人も使える ・からだや環境にこだわる企業姿勢だから、信頼できる ・ロングライフ商品 ・シンプルなデザインボトル、パッケージが多い	・１種類しかなく、白髪が赤オレンジのみしか染まらない ・白髪染めとしての認知度が高いため、幅広い層が使用せず、主に白髪染めの中高年者が使用する ・塗布後の放置時間が長い（約1時間） ・塗布後の体温を下げる
酸化染料入りカラー剤	・ファッション性が高く、さまざまな種類からいろいろな色が選べる ・明るさも自由に変えられる ・幅広い層が使用できる ・塗布後の放置時間が短い ・いろいろな成分が配合されている ・髪質、用途などに特化した商品を選べる ・CMでよく目にする大手だから、安心感がある ・みんなに知られていて、話題を共有できる ・CM、広告などで新情報が得やすい ・CMタレントと同じカラーリング剤が使える ・新商品、流行を追える ・個性的なデザインボトル、パッケージが多い ・手軽に買える（コンビニ、ドラッグストアなど）	・有害性がある ・高刺激 ・髪の毛が傷む ・頭皮環境を乱す ・素手で塗布できない ・体内への経皮吸収があるので、髪や頭皮だけでない部分にも悪影響が懸念される ・成長期の子どもは使わないほうがいい ・河川、海を汚す

ヘナ

ヘナのみ、ヘナにほかのハーブを混ぜ合わせたもの、
ヘナにＨＣ染料を混ぜ合わせたもの、ヘナにリンス液を混ぜて使用するものなど。

エヌ・ティー・エイチ				**メーカー名**
	**商品名** **クイーンズ レッド** **カラー** レッド		**商品名** **クィーンズ ニューブラウン** **カラー** ニューブラウン	**商品**
クイーンズレッド 成分：ヘンナ葉		クィーンズニューブラウン 成分：ナンバンアイ葉・ヘンナ葉		**成分**
100g		100g		**内容量**
2,500円（税別）		2,500円（税別）		**価格**
ヘンナのみ含めハーブ含有4色				**カラーバリエーション**
練り方　ツヤが出るまで かたさ　マヨネーズ状（トリートメント用）みそ状（根本白髪用） 塗り方　手で塗る・ブラシを使う				**使用方法**
クイーンズヘナシリーズ　レッド／イエロー／ナチュラル／ニューブラウン　植物100％で髪のコシやハリを保ちながらカラーリング。インド原産の良質なヘナです。				**キャッチ**
株式会社エヌ・ティー・エイチ　TEL 03-5447-6363				**販売者/製造者**
http://www.queens-henna.com				**HP**

メーカー名	グリーンノート	
商品	 商品名 **ハーバルカラーヘナ オレンジブラウン** カラー オレンジブラウン	 商品名 **ハーバルカラー ヘナスーパー スーパーブラウン** 販売中止 カラー スーパーブラウン
成分	ハーバルカラー（オレンジブラウン） （トリートメント＆植物性毛髪着色料） 成分：ヘンナ	ハーバル カラー スーパーブラウン （トリートメント＆植物性毛髪着色料） 内容成分：インディゴ、ヘンナ、ガーデニア、セージ、サフラワー、ゼニアオイ、シカカイ、アムラ、ブリンガラーチュ、ブラーミ、アカシアカテキュー、ラベンダー、ローズマリー
内容量	100g	70g
価格	1,500円（税別）	2,200円（税別）
カラーバリエーション	ヘンナのみ含めハーブ含有7色	2色
使用方法	使用量：部分的に使用　30〜40g ショート全体　40g〜 セミロング全体　50g〜100g 放置時間：1時間〜2時間以上 塗り方：根元中心に毛先までたっぷり	使用量： ●リタッチ　約40〜55g （部分的な白髪や根元の白髪のみの場合） ●ショート全体　約40g〜70g （髪の量やスタイルにより加減してください） 放置時間：45分以上
キャッチ	髪を傷めずつややかに　ツヤとコシを与えながら、白髪を美しく色づける。　ヘナはミソハギ科の「指甲花」の葉を粉末にしたハーブです。インド・エジプトでは、古くより爪、手足、髪を染めるために使われてきました。天然100％ですので、髪を傷めず、トリートメントしながら白髪に色を着けることができます。本品は人工着色料、化学染料及び保存料は一切使用していません。	植物の力で早く・美しく染める　厳選した13種類のハーブだけで作りました　ジアミン・タール系色素・パラペン不使用　日本・インド・イタリア共同開発　インド・アーユルヴェーダの古典をひもとき、ハーブの性質と髪への作用を徹底的に研究。先人の智恵と最新技術の融合により、グリーンノートヘナが大幅にグレードアップ。 （注）「ヘナスーパー」の2色（スーパーブラウン、スーパーダークブラウン）にピクラミン酸が0.17〜0.43％混入していることが判明したため、販売中止（2012年12月現在）。
販売者/製造者	株式会社グリーンノート　TEL 03-3366-9701	
HP	http://www.henna.co.jp/	

ジャパンヘナ				メーカー名
	商品名 **ナチュラル　ヘナ** カラー オレンジ		商品名 **HC チャコールブラックヘナ** カラー チャコールブラック	商品
JH　ナチュラル　トリートメント 内容成分：ヘンナ		JH　トリートメント 内容成分：ヘンナ、ヒドロキシエチルセルロース、アラントイン、（＋／－）HC青2、HC黄4、HC赤3		成分
100g		100g		内容量
1,200円（税別）／100ｇ 10,000円（税別）／1kg（箱なし）		2,100円（税別）／100ｇ 19,000円（税別）／1kg（箱なし）		価格
ヘンナのみ含めハーブ含有9色		2色		カラーバリエーション
（ヘナはショートで30g・セミロングで50gが目安の量です）				使用方法
「天然100%ジャパンヘナ　トリートメントシリーズ」の特徴と効果　・当社のヘナ　トリートメントシリーズは、ケアトリートメント効果を重視した染毛料です。ベーシックタイプと、多種のハーブを入れた多用できるタイプの2タイプがあります。・ヘナは頭皮と髪のトリートメントが主ですが、プラス効果として、植物の葉のエキスが黒髪にほんのりと色が重なり、既染毛にはムラ消しの働き、白髪には白髪ぼかしの染料としての働きがあります。・ネコ毛、クセ毛、硬い髪を髪本来のしなやかな状態に戻し、潤い・保湿を与え、ハリ、コシ、ツヤをもたらします。・男性など、脂分の多い頭皮をすこやかに保ち、フケ・カユミをおさえます。・髪の傷みが気になる場合には週1回、髪の状態がよくなってきたら月1回が、ヘナをする目安です。回数を多くしても、植物性原料なので、地肌や髪を傷めません。・髪の傷みがひどい程、1回目は髪がキシみます。ヘナをするごとにキシみはなくなり、3～6回で健康毛に近づきます。				キャッチ
有限会社ジャパン ヘナ　TEL 03-3794-6992				販売者/製造者
http://www.j-henna.com/				HP

メーカー名	ダイソー			
商品		**商品名** **ヘナ・トリートメントカラー** **ナチュラルオレンジ** **天然ヘナ** **カラー** ナチュラルオレンジ		**商品名** **ヘナ・トリートメントカラー** **ナチュラルブラウン** **天然ヘナ** **カラー** ナチュラルブラウン
成分	ナチュラルヘアートリートメントカラーK2（B） 成分：ヘンナ		ナチュラルヘアートリートメントカラーK2（DB） 成分：ヘンナ、インジゴ、アムラパウダー、リタパウダー、シカカイパウダー	
内容量	80g		80g	
価格	100円（税別）		100円（税別）	
カラーバリエーション	ヘンナのみ含めハーブ含有2色			
使用方法	パウダーの量の目安：ショート約30g、セミロング約60g			
キャッチ	100％天然植物性の原料ヘナ毛髪着色料　●地肌や毛髪が傷みにくいです。●傷んだ髪には潤いを与えます。●繰り返し使用できます。●繰り返し使用することでだんだんと色が着いていきます。●トリートメント効果があります。			
販売者/製造者	株式会社大創産業　TEL 082-420-0100			
HP	http://www.daiso-sangyo.co.jp/			

ナイアード				メーカー名
	商品名		商品名	商品
	ヘナ100%		ヘナ＋木藍	
	カラー		カラー	
	オレンジ〜赤褐色系		黒茶系	
ナイアード　ヘナ１		ナイアード　ナチュラルハーブ４		成分
全成分：ヘンナ　100%		全成分：木藍（インド藍）、ヘンナ、アムラ、シシカイ、ベチベル、ジャタマシ、カッチャ、ブラハミ、バヘダ、ハラダ、バアリンラジ、ラタンジット		
100g		100g		内容量
1,000円（税別）／100ｇ（普通サイズ） 3,000円（税別）／400ｇ（徳用サイズ）		1,500円（税別）／100ｇ（普通サイズ） 4,500円（税別）／400ｇ（徳用サイズ）		価格
ヘンナのみ含めハーブ含有3色				カラーバリエーション
目安：ショートヘア：約30〜50g　セミロング：約50g〜				使用方法
弊社ヘナ商品は（化粧品）です。 粉の色の見かけをよくする為の着色料や化学染料を混ぜ込んだりしていない植物100%の商品です。 化学染料、着色料、保存料は一切使用しておりません。				キャッチ
株式会社ナイアード　TEL 042-552-8960				販売者/製造者
http://www.naiad.co.jp/				HP

メーカー名	パン・エフピー	
商品		
商品名	ヘナ・パウダー	ハーバルきらら ヘナ・セット ライトブラウン
カラー	オレンジブラウン	ライトブラウン
成分	ハーバルきらら　ヘナ・パウダー　（染毛料） 全成分：ヘンナ	ハーバルきらら　ヘナ・パウダー　（染毛料） 成分：ヘンナ
内容量	100g	36g 2袋
成分		ハーバルきらら　トリートメント・ウォーター〈ヘアトリートメント〉 成分：水、硫酸第一鉄、ペンチレングリコール、BG、タンニン酸、エタノール、アルギニン、カミツレエキス、ローズマリーエキス、グンジョウ、加水分解卵白、ハチミツ
内容量		100mℓ 2パック
価格	1,180円（税別）	1,620円（税別）
カラーバリエーション	ヘンナのみとヘンナに鉄分作用の溶き液を混ぜるものの2色	
使用方法	（ショートカット1回分の目安：ヘナ30gご使用の場合）	ショートヘア2回分
キャッチ	髪を傷めず、つややかに　ヘナの葉100%　トリートメント＆植物性毛髪着色料　ツヤとコシを与えながら、白髪を明るく仕上げます。　☆ヘナはミソハギ科の指甲花という植物の葉を粉末にしたハーブの1種です。古代エジプトの頃から、肌やツメ、髪の毛を染めるために、日常的に使われてきました。　☆着色料や化学物質を混ぜたヘナとは違い、本品はトリートメント作用のあるヘナの葉だけを使用しています。嫌な刺激臭もなく、家庭で簡単に、髪の毛にツヤを与えながら、白髪に色を着けることができます。（ヘアカラーとは髪に対する作用が異なります）	ヘナ・パウダー100%＋専用溶き液　髪を傷めずつややかに
販売者/製造者	有限会社パン・エフピー　TEL 042-523-7511	
HP	http://www.pan-fp.co.jp/index.html	

メーカー名	マックプランニング	
商品	 **商品名** **マックヘナ②** **ナチュラルオレンジ** **（ヘナ100%）** **カラー** ナチュラルオレンジ	 **商品名** **マックヘナ** **ハイブリッド** **ミディアムブラウン** **カラー** ミディアムブラウン
成分	ハーバル　ヘアートリートメント ナチュラルオレンジ 成分：ヘンナ（ヘナ）	マックHB　トリートメント ミディアムブラウン 配合成分：水、ヘンナ、ナンバンアイ葉、グリセリン、ジアルキル（C12-18）、ジモニウムクロリド、ベヘニルアルコール、ステアリン酸PEG-15グリセリル、シクロペンタシロキサン、ヒドロキシプロピルメチルセルロース、パルミチン酸、イソプロピル、ミネラルオイル、フェノキシエタノール、ジメチコン、ホホバ油
内容量	100g	NET230g（パウダー50g＋リンス165mℓ）
価格	1,000円（税別）	1,200円（税別）
カラーバリエーション	ヘンナのみ含めハーブ含有7色	4色
使用方法	1箱全量でショートヘア約3回分　分割使用できます。残ったパウダーはアルミ袋に保管し、次回使用できます。	●混ぜ合わせ簡単　袋から出さずにそのまま混ぜ合わせできます。 ●塗りやすい　袋から直接絞って塗布できます。 ●計量いらず　セミロング1回分をワンセットにしました。 ●なめらかなペースと状で、塗る時間もより短縮できます。 ●ヘナ特有のきしみがなく、よりしっとりしなやか仕上げ。 ●洗い流し簡単、しかもリンスも不要です。
キャッチ	自然派のあなたの美髪にマックヘナ　100%天然植物成分　髪にやさしく白髪をカバー　化学染料0ゼロ人工色素　☆100%天然植物成分で選べる色のバリエーション!　☆髪にハリ・コシ・ツヤを与えるトリートメント効果!　☆30〜40分で仕上がり、色持ち約4週間!	私にいちばんやさしい色　ヘナ、天然の証　混ぜ合わせ簡単　素早い仕上がり30分　「マックヘナ」により簡単、よりスピーディータイプ新登場!!　仕上がり感も使いやすさもさらにアップしました。　袋から出さずにそのまま混ぜ合わせ　100%天然植物のマックヘナパウダー　天然由来成分にこだわったマックヘナリンス
販売者/製造者	有限会社マックプランニング　TEL 03-5321-6840	
HP	http://www.e-henna.com/	

＊商品は2012年9月〜10月、各社でのウェブサイトでの提示価格、および購入価格、商品内容。
そのほか、マハラジャロード、シムシムジャパン（パンエフピーに変わって、生活クラブが取り扱う商品）もヘナを取り扱っています。

ヘナ14商品の特徴

売れ筋、よく見かけるヘナの商品（２０１２年時）の購入で感じたことは、２００７年の排除命令後、ヘナ業界も少し変わってきたということです。雑貨として販売されているヘナ、酸化染料入りのヘナは市場から消えた印象を受けました。

学術的にはヘナは1種類の植物で、赤色（オレンジ系）にしか染着しません。しかし、ほかの植物が含まれていたり、専用の溶き液の中に重金属や合成のトリートメントを入れていたり、ＨＣカラーのような合成染料が含まれている商品もあり、また、便利さや色調の変化のみを追いかけるヘナ商品も見受けられます。

「ヘナ商品一覧」で紹介した7社（ナイアード、マックプランニング、グリーンノート、ダイソー、ジャパンヘナ、パン・エフピー、エヌ・ティー・エイチ）の商品を見て行くと、「ナチュラルヘナ」１００％以外の商品にも「ヘナ」という名称が使われています。学名が違う植物までも「ヘナ」という名前で販売されています。ヘナには多くの種類があると誤解させている点は注意すべきことです。

「ナチュラルヘナ」染色実験&使用感

「ナチュラルヘナ」の染色実験と使用感を試してみました。

【実験方法】「ナチュラルヘナ」を水道水で溶いてペースト状にし、アンゴラ製の白い毛束に塗布して1時間の自然放置後、水道水で洗い流してドライヤーで乾かす。

【配合量】「ナチュラルヘナ」対「水」＝1対4

【商品（材料）】7社（ナイアード、マックプランニング、グリーンノート、ダイソー、ジャパンヘナ、パン・エフピー、エヌ・ティー・エイチ）の「ナチュラルヘナ」（146ページ～）

【購入時期】2012年9～10月

◆粉末の細かさ

肉眼による判断では目立って荒い粉や、小枝の混入は見受けられませんでした。

◆粉末の色

「ダイソー」はうぐいす色だが、通常よりやや濃い緑。「ジャパンヘナ」は、茶色から黄土色。「パン・エフピー」は、やや茶色がかったうぐいす色。そのほかは、うぐいす色。

◆粉末のにおい

「ジャパンヘナ」は強いにおいがする。1年以上経った粉のにおい。すこし甘いような枯葉のにおい。「グリーンノート」と「パン・エフピー」は、やや古いと思わせるきつ目のにおい。「ダイソー」は、苦いようなヘナとは違うにおいが少しする。

◆ペーストの状態

「パン・エフピー」は、とてもシャバシャバした状態。「ジャパンヘナ」は「パン・エフピー」よりも固めだが、かなりゆるいペースト。そのほかは、やや固めのぷりぷりしたペースト状態。4倍で溶いたペーストはこのようになる。ゆるめになるのは古いヘナの可能性が高い。

◆アンゴラの染まり具合

どの商品も特に差はなかった。染まり具合とトリートメント効果は別問題なので、この実験ではトリートメント効果の差違はわからない。

◆髪への使用感（体験者：山中）

もともとヘナを1年以上連用しているので、染まり具合よりもトリートメント効果を体感してみた。

「ナイアード」「マックプランニング」「エヌ・ティー・エイチ」は、粉、におい、髪へのつき方も自然で、トリートメント効果も感じられた。

「グリーンノート」は粉の古さを覚えるが、トリートメント効果は感じられた。

「ダイソー」のペースト状態はクリーミィなヨーグルトのような均一感で、粉という感じもせず、においもほかの6社と違っている。トリートメント効果、ツヤ感も感じられなかった。髪へのつき方はざらざら感があった。

「パン・エフピー」のペースト状は「ダイソー」ほどではないがクリーミィな感じで、粉が古い感じを受けた。トリートメント効果はいまいち。

「ジャパンヘナ」のペースト状はゆるく、色もほかより濃い。トリートメント効果もさほど感じられなかった。

今回は7社の商品を1回のみの使用だったが、3カ月連用すると使用感、仕上がりももっと具体的になってくると思われる。

ヘナを扱う業者に対する質問

販売されているヘナが「ナチュラルヘナ」なのかを見分ける方法のひとつとして、ヘナを販売する会社に次のような問い合わせや質問をしてみることで、企業姿勢などから見えてくることもあります。

①化粧品製造販売業許可を受けて販売されている商品ですか？
②100％天然成分（ヘナのみ、またはヘナほかハーブを混ぜた商品）をうたっている商品でも、酸化染料成分有無の検査を行なっていますか？
③色素成分となるローソンの定量分析の検査を行なっていますか？
④オーガニック製品をうたっている場合、オーガニック認証機関による認定がありますか？ たとえば、エコサート（フランス）、USDA（アメリカ農務省）など。
⑤以上の分析結果、書類のコピーなどが提出できますか？

7社に電話で問い合わせてみました（ダイソーの場合、直販ではなく、製造は韓国のハニルマンパワー。成分に関する回答はセントラルメディック）。

①化粧品製造販売業許可を受けて販売されている商品ですか？
【ナイアード】受けている。
【マックプランニング】受けている。
【グリーンノート】受けている。
【ダイソー】受けている。　＊トリートメントカラーヘナは入荷を見合わせ中
【ジャパンヘナ】受けている。
【パン・エフピー】受けている。
【エヌ・ティー・エイチ】受けている。

②100％天然成分の商品でも、酸化染料成分有無の検査を行なっていますか？
【ナイアード】「食品分析センターに出している。毎回、入荷のたびに第三者機関で検査している」

【マックプランニング】「行なっていない。食品分析センターには出している」

【グリーンノート】行なっている。「酸化染料はいっさいない。すべての工程を把握し、年に1〜2回インドの工場の視察もして、インド自体の工場も認定されたところでやっている」（2012年11月時点）

【ダイソー】「100％天然のヘナを3種類出している。100％天然で酸化染料は入っていない。天然の成分100％なので誤差（ちょっと色が違うもの）がある」と、検査をしているかはわからず。

【ジャパンヘナ】検査もしている。「酸化染料が入っている商品も扱っているが、100％天然のものには酸化染料は入っていない」

【パン・エフピー】「パウダーは一切そういったもの（酸化染料）は入っていない。セットはヘナのオレンジ色を抑えるために専用の溶液があり、鉄分等が入っている。染料は入っていない」。酸化染料という言葉を知らないもよう。

【エヌ・ティー・エイチ】「製造の際に入れていない。検査はしていない」

③ローソンの定量分析の検査を行なっていますか？

【ナイアード】行なっている。「ローソンは1・4ぐらい」

【マックプランニング】行なっていない。

【グリーンノート】葉だけでつくっているため、検査は行なっていない。

【ダイソー】「そこまでは把握していないが、内容の成分はパッケージに書いてある」

【ジャパンヘナ】「ローソン量は明示していない。企業秘密」

【パン・エフピー】「パウダーにローソンは入っていない。主成分が0・5％以上というのが定められていて、治験結果のほうでも0・9％という結果が出ている」

【エヌ・ティー・エイチ】「色が入らないタイプのナチュラルは塗っても色が入らないトリートメント。ジアミンは加えていない」と、ローソンの意味がわからないまま回答していると思われる。

④オーガニック認証機関による認定がありますか？

【ナイアード】ない「5年に1回、農薬について200何十種類の検査をしている」

【マックプランニング】ない。

【グリーンノート】ない「化粧品として販売するためのＩＳＯ認定があるが、化粧品をつくってよいという許可のある工場でつくっている」

【ダイソー】＊ダイソー直販ではないので、無回答。

【ジャパンヘナ】ない。「ヘナは、オーガニック認証機関が認定していることはほとんどないと思う」

【パン・エフピー】ない。

【エヌ・ティー・エイチ】ない。

⑤分析結果、書類のコピーなどが提出できますか？
【ナイアード】「ウェブ上では公開していないが、要望があれば検討する」
【マックプランニング】「特に外に出すものではないので、公開はしていない」
【グリーンノート】「ホームページなどにそこまで載せられない部分もあるが、『ジアミン（酸化染料）は検出されませんでした』という表示もしてある」
【ダイソー】「ホームページとかには載っていない」
【ジャパンヘナ】「配合ハーブなどは、カタログに書いてある」
【パン・エフピー】「報告書で検査を出しているものはある。ホームページで公開はしていない」
【エヌ・ティー・エイチ】「（ジアミンやローソンの結果については）特に用意していない」

「ナチュラルヘナ」以外で、7社の商品を見て感じたことは、

【ナイアード】インディゴとヘナを混ぜ合わせた商品である「木藍」は、ブラウン系を実現させる商品だが、発色のメカニズムが異なるため、染まりが悪い。

【マックプランニング】すべての商品に「ヘナ」の文字があるのは、ヘナに種類があるかのような誤解を招く恐れがある。

【グリーンノート】最近まで販売されていた「ヘナスーパー」（147ページ参照）にピクラミン酸（酸化染料）が混入されていて、販売を中止している。以前にジアミン系の入った商品を販売して他社とのトラブルもあった。「通販生活」など大手との取引きもあり、影響力がかなり大きいメーカーであるだけに気になる点だ。

【ダイソー】100円までコスト削減された商品だが、販売会社なので内容はよくわかっていない。

【ジャパンヘナ】他社に比べ圧倒的な品数で、すべての商品に「ヘナ」の文字を使っているので、消費者の誤解を招く恐れがある。

【パン・エフピー】ヘナの赤みを消すため、重金属を使用するという他社にはない方針だが、ヘナに関する誤解を招く恐れがある。

【エヌ・ティー・エイチ】レッドとイエローの違いに疑問がある。組織販売で美容師免許を持っていない人が美容行為を繰り返している点は問題である。

インドなど原産国もずっと同質のものを提供してくれるとは限りません。目指すは世界基準、有機

認証などの導入で、安全で安心なものを確保し、消費者に提供することです。

美容業界に至っても普及する立場の人たちがヘナというものを理解していないこと、このすばらしい植物の可能性を知らずにいるように思えます。お互いに情報の開示をしながら、まだ知らない多くに本当によい商品の情報を伝えていくことができればと思います。

以上は、２０１２年の取材時のものになります。

新たに「ナチュラルヘナ」を独自調査

各社への電話取材から2年経て、独自に各種の実験と分析を行ないました。

調査を依頼したのは、私（森田）がインドからヘナを輸入してる会社のオーナーのタルン・プラジャパティさんです。インドのグジャラート・アーユルヴェーダ大学の大学院で薬草学（修士）を学んだ学者肌です。

この調査実験には、私も参加しました。工場内にある施設にて顕微鏡によるヘナを初めてじっくりと観察する機会を得たことで、ほかの植物との比較実験が体験できました。

タルンさんは、大学時代にマイクロスコープを使用したアーユルヴェーダの書籍作成にも参加した研究者でもあるのです。

全部で17種類の商品（ナチュラルヘナが9商品、ヘナとインディゴが8商品）になります。

ジャパンヘナ		ナイアード		マックプランニング		ラクシュミー		リマナチュラル	
ナチュラルヘナ		ヘナ100%		マックヘナ ナチュラルオレンジ		オーガニックハーブR		リマナチュラルマクロビ リーフカラーNO	
ヘンナ		ヘンナ100%		ヘンナ(ヘナ)		ヘンナ100%		ヘンナ	
オレンジ		オレンジ~赤褐色系		ナチュラルオレンジ		赤オレンジ		ナチュラルオレンジ	
結果	評価	結果	評価	結果	評価	結果	評価	結果	評価
レッド	△	レッド	△	MAC HENNA	△	レッド	○	レッド	△
6.90%/w	○	7.53%/w	△	5.25%/w	○	5.59%/w	○	8.27%/w	△
11.31%	×	12.96%	×	6.92%	△	6.77%	○	13.55%	×
4.38%	×	5.81%	×	0.81%	○	1.19%	○	5.54%	×
1.57%	○	1.39%	○	1.38%	○	1.75%	○	2.90%	△

ナイアード		マックプランニング		ラクシュミー		リマナチュラル	
ヘナ ＋ 木藍		マックヘナ ナチュラル ダークブラウン		オーガニックハーブB		リマナチュラル マクロビ リーフ カラーNI	
木藍(インド藍)、ヘンナ、アムラ、シカカイ、ベチベル、ジャタマシ、カッチャ、ブラハミ、バヘダ、ハラダ、バアリンラジ、ラタンジット		ヘナ(ヘンナ)、インディゴ(ナンバンアイ葉)		ナンバンアイ葉、ヘンナ、アロエベラ葉、カシアアウリクラタ葉		アイ	
黒茶系		ナチュラル ダークブラウン		茶系		インディゴ	
結果	評価	結果	評価	結果	評価	結果	評価
インディゴ	△	マック インディゴ	△	インディゴ	○	インディゴ	△
7.12%/w	△	5.15%/w	○	5.65%/w	○	8.88%/w	△
12.98%	△	11.19%	○	11.33%	○	11.86%	△
4.55%	×	1.85%	△	2.28%	△	1.61%	△
1.83%	○	1.96%	△	1.66%	△	2.17%	△

○＝よい
△＝普通
×＝悪い

ナチュラルヘナ 9商品

メーカー名	アートビーング		エヌ・ティー・エイチ		グリーンノート		グリーンノート	
商品名	マハラニヘナ ファイン粉末		クイーンズレッド		ハーバルカラーヘナ		グリーンノートヘナ オーガニータ	
成分	ヘナ100%		ヘンナ葉		ヘナ100%		ヘンナ	
カラー	レッド		レッド		オレンジブラウン		ビターオレンジ	
観察項目	結果	評価	結果	評価	結果	評価	結果	評価
色合い	レッド	△	レッド	△	レッド	△	レッド	△
モイスチャー	6.64%/w	○	7.45%/w	△	6.92%/w	○	6.38%/w	○
アッシュヴァリュー統計	6.98%	△	7.50%	△	7.15%	△	8.45%	△
酸不溶性 アッシュヴァリュー	0.66%	○	0.94%	○	0.84%	○	1.89%	△
水溶性の灰	1.10%	○	1.33%	○	1.38%	○	1.63%	○

ヘナ+インディゴ 8商品

メーカー名	アートビーング		エヌ・ティー・エイチ		グリーンノート		ジャパンヘナ	
商品名	マハラニインディゴ		クイーンズ ニューブラウン		グリーンノートヘナ オーガニータ インディゴブルー		プラチナブルーヘナ	
成分	ナンバンアイ		ナンバンアイ葉、ヘンナ葉		ナンバンアイ葉		ウォード (ホソバタイセイ葉)	
カラー	インディゴ		ニューブラウン		インディゴブルー		プラチナブルーヘナ	
観察項目	結果	評価	結果	評価	結果	評価	結果	評価
色合い	インディゴ	△	ニュー ブラウン	△	インディゴ	△	インディゴ	△
モイスチャー	5.85%/w	○	8.11%/w	△	5.82%/w	○	6.97%/w	△
アッシュヴァリュー統計	10.09%	○	10.53%	△	10.31%	○	12.48%	△
酸不溶性 アッシュヴァリュー	0.69%	△	1.28%	△	0.80%	△	1.75%	△
水溶性の灰	2.45%	△	1.93%	△	2.10%	△	1.97%	△

*商品は2014年10月末から11月初旬、インターネットで購入。

ＷＨＯ（世界保健機関）の基準をもとにした観察項目（色合い、モイスチャー、アッシュヴァリュー統計、酸不溶性アッシュヴァリュー、水溶性の灰）で分析し、「よい○」「普通△」「悪い×」の３段階で評価しました。「色合い」は酸化の度合い、湿度を測る「モイスチャー」は粉の維持管理の状態、灰の状態を確認する３項目（「アッシュヴァリュー統計」「酸不溶性アッシュヴァリュー」「水溶性の灰」）は無機質の残留物が確認できます。

成分を分析した結果、「１００％ヘナ商品」でも、１００％ヘナだと証明できた会社はラクシュミー以外、１社もありませんでした。会社によって品質の差、品質管理のずさんさが浮き彫りになりました。２００７年～２００８年、国民生活センターで問題視された以降も改善がされていないのが現状です。

原因はいろいろと予測されますが、現地工場の設備関係が大きく関わっているように思えます。私がこれまで見学したインドの現地工場は、衛生面などから多角的に見ても、残念ながら化粧品を製造する条件を満たしているところはほとんどありません。

数種類の植物を同じ製造ラインで粉砕するため、毎回適切な洗浄などが行なわれていません。一つの植物の粉砕後、完全な洗浄が難しいため、結果的に他の植物が混入してしまうのではないかと思います。砂や泥などが混入する環境にもあります。

これらの問題を回避するため、環境の整備と意識を育てるしかありません。ハードとソフトの両面からの環境整備と意識を育てていくことで、原因を改善、解決していくことしかありません。

商品に薬品（ピクラミン酸）が混入したことで２０１２年、発売中止をした会社（グリーンノート）は、商品説明では３カ国（日本、インド、イタリア）での共同開発としながら、謝罪ではインドの会社に責任を転換していました。これには納得がいきません。輸入する側のチェックの体制も強化するべきでしょう。

過去に訴訟を起こされている会社も実在しています。日本初のオーガニック認証を自負している商品からも異物が発見されています。今回の調査でも「ヘナ」という名称がつけられていても、まったく違う成分の商品もありました。これらの商品は誤解を招く恐れがありますから、消費者目線でわかりやすい表示を心がけないといけません。

安全でホンモノのヘナを消費者に届けるためには、各社による公的機関での分析の義務づけと情報の開示だと考えます。たとえばオーガニック認証を自社でとっているのであれば、公的文書を公開することです。化粧品の成分を表示することは法律で定められていますから、ブレンドの内容を「企業秘密」で終わらせることもおかしなことです。

進化した「ナチュラルヘナ」を提供

私の場合、６年ほど前にエコサート認証を取得している会社を探しているとき、幸運なことに現在の取引先に出会いました。オーナーの植物に対する愛と探究心には驚かされました。そして、古くからの伝承を重んじながらも、最新の技術を駆使して植物を栽培し、製品を製造していく彼のチャレンジ精神がなければ、これほどまで品質の高い製品には出会えなかったと思っています。

オーナーであるタルンさんは、アーユルヴェーダ大学で薬草学を修め、今では世界中の有機認証を取得し、自ら世界中を飛び回る日々です。信頼できる自社製品の普及をしながら、週末は農場に出かけて植物を撮影し、自社の研究所に籠り実験や製品開発を手がけています。80歳になった今も現役で有機無農薬の農法について普及活動をされているお父様の影響も大きいに違いありません。

お父様は50歳まで、洋服のテキスタイルの仕事をされていました。先祖から引き継いだ何年も手入れをしていない土地に、農業をする人にとっては邪魔で忌み嫌われる植物がたくさん育っているのを見たタルンさんのお父様は「すべては神様がつくられたものだから、人々のためになるはず」と思い立ちました。そこから20年かけて、すべての植物を一つずつ丹念に調査分析し、名前のない植物には名前もつけて、約１３４０種類の植物図鑑を完成するといった偉業を成されました。

２０１６年には、いままでの製品よりもさらに進化した商品を日本市場にご紹介することになります。ここで使用される植物はすべて、２０１５年からはじまっているエコサートコスモス認証を取得したものです。さらに、窒素充填をしながら粉砕した植物ですので、酸化防止をしながら摘みたての状態で使用することが可能となります。

また、世界で初、天然の有機植物だけの組合わせで、多くの色出しも成功させました。これも粉砕法の進化によるものです。私が20年以上、夢に見てきたことが実現できそうです。化学薬品による経皮吸収の危険性もなく、植物による癒しや心地よさを多くの方々に実感していただけるのが何よりもの願いです。

ヘナの使用&保存方法

粉末の100%ヘナ「ナチュラルヘナ」のみを使用して、カラーリング、トリートメントをする手順を説明しましょう。

◆パッチテストの方法

人によってはアレルギーを起こす場合があるので、髪に塗布する前には必ずパッチテストを行なってください。

少量のヘナの粉を水で溶いて、腕または足などのヒフのやわらかい部分に小さく塗り、48時間そのままにしてください。時間経過後、塗った箇所が粉自体の染着以外に何も変わったところがなければ使用してください。

◆ヘナの理想的な溶き方

①プラスチックかガラスの容器にヘナの粉を入れます。深さのあるフタ付きの容器がおすすめです。ただし、金属製のものは使用しないでください。金属と植物のヘナが化学反応を起こし、粉自体が変性してしまいます。

②①にぬるま湯を少しずつ加え、よく混ぜながら、マヨネーズくらいのかたさに溶いてください。植物オイルがあれば数滴加えます。ぬるま湯は少しずつ加え、その都度混ぜ合わせると、ダマになら

ずなめらかに溶けます。

③ぬるま湯で溶いた後、水分が蒸発しないようフタかラップなどして、常温で丸1日置きます。丸1日置くことで、水分と粉が混じり合ってなめらかになり、ローソン量が高まり、染着効果も高まります。

◆ヘナとぬるま湯の分量

【ショートカット】粉30g+ぬるま湯130cc

【セミロング】約60g+ぬるま湯270cc

【ロング】約100g+ぬるま湯450cc

*あくまで目安の分量です。

◆ヘナの塗り方

素手で塗ると手のひらや爪が染着しますから、使い捨ての手袋などをして行なってください。クシを使わず、手袋をした手で、直接頭皮に軽くもみ込む感じで塗っていくと髪の生え際にも入りやすくなります。額やこめかみの生え際のみを塗る場合は、クシやハケを使うとよいでしょう。

◆ヘナの理想的な塗布回数と時間

【塗布回数】1カ月に2~3回。理想は1週間に1回。1週間に1回のペースで続けると、トリートメント効果により、髪にコシが出てツヤやかになってきます。
【塗布時間】1～2時間。塗布時間は最低でも1時間は置くようにしてください。長い時間置いても特に問題はありません。逆に空気にふれて酸化していく過程で色味が落ち着いてくるので、時間のあるときは長めに置くことをオススメします。

◆ヘナの保存

ヘナは自然界の植物です。そのため時間が経つにつれ劣化していきます。色合いにも影響するので、保存期間を正しく守りましょう。

溶いてから丸1日置いてから塗布するとよいですが、2～3日以上置くとカビが生えることがあるので、長期の保存はできません。冷凍して保存し、使用するときに自然解凍か湯煎で戻して、使うこともできます。

開封しない状態で湿度の低い常温の場所で保管しておくと、3年は保存できます。開封後は湿気が入らないように密閉し、3カ月以内を目安に使用してください。

◆コーヒー・紅茶・卵の使用

色の変化を期待して、ヘナにコーヒー、紅茶、卵を加えることをすすめていることがありますが、効果は期待できません。全卵を使用すると生臭いにおいがします。白身をメレンゲにしてヘナに加えると、逆ににおいが軽減され使用感はよくなります。

広がるヘナ専門サロン

全国で出会った美容師たち

私（森田）の知るかぎり、ホンモノの「ナチュラルヘナ」を使い、施術してくれる美容室はヘナ利用美容室のうち2割あるかどうかといったところです。残念ながら、残りの8割のお店はまがいもののヘナを使用していると思われます。

美容ディーラーの問題もありますが、現場にいる美容師自身がヘナについての知識を持っていないのが現状です。

「ヘナってどんな植物？」「学術的にはどのような植物？」「どうしてヘナで毛染めができるの？」「どのような色に染まるの？」と聞いてみてください。答えられない美容師がほとんどです。なかには「合成染料は3％未満なので大丈夫」など、美容ディーラーからの受け売りの答えが返ってくるかもしれません。

講習会などを通して正しい植物染料の普及に努める中、各地で美容師のみなさんとも出会ってきました。なによりも多くの方に安心してヘアカラーを楽しんでいただけたらと思い、ヘナを中心とする植物染料専用サロン開店のアドバイスもしています。

ヘナ専門サロンをはじめようと思いながらも悩んでいる美容師、はじめたばかりの美容師、そして成功している美容師のケースをお知らせします。

ケース①　長野「ハーバル・ヘナ専門サロンあーゆす」

長野県上伊那郡にある「ハーバル・ヘナ専門サロンあーゆす」は２０１１年10月末にオープンしたサロンです。美容師歴20年になる高木順子さん（48歳）は、松本市の洋服関係の販売店で月一度ヘナの講習会を開催しています。

ヘナに出会ったのは10年前、軽井沢ハーブ化粧品を知り、自然素材の植物力のすばらしさを感じる機会からでした。家事や子育ての合間、自宅に知人を招きヘナを伝えていましたが、なかなか思い通りには行きません。「ヘナだけのお店」は可能なのだろうかと悩んでいたとき、松本の講習会で森田先生と出会いました。お話に共感し、心の底から熱いものを感じ、忘れられない時間でした。

テナント料の７万円が最初、キツく感じました。準備金として１５０万円。まずそこからでした。タイミングよく、以前勤務していた美容室の先生から器材を譲り受け、工事は知り合いにお願いすることでコストを押さえることができました。地域の情報誌に記載したところ「ヘナ専門」に興味を持ったお客様から、ご来店、問い合わせの電話が入るようになりました。

お客様の生の声を聞くことで、世間に流通している「まがいもの」の現状を噛みしめることもしばしばあります。一方、オレンジ色のヘナに対して、「オレンジでもよい」と「オレンジは嫌」の２通りにわかれました。

開店当時からサロンでヘナはお客様にとても良好です。お店（ブティック）にヘナを置かしていただいたところ、反応もかなりありました。本当のことを伝えることで安心、安全を提案し、確実なお客様と長いおつきあいができると感じました。

1年目は、サロンの売り上げとしては経費を少し超える程度でした。運営費は最低で10万円。数字としてはまだまだ駆け出しですが、確実な手応えは感じます。

ほとんどのお客様がヘナを塗布のみのメニューで、ご自宅でご自分で洗髪していただいています。塗布のみのメニューを数回、その後、お客様がご自分でヘナができるようにアドバイスします。

現在の施術料金は次の通りです（税別）。

【ヘナのメニュー料金】　30g塗布２８００円・施術４５００円／40g塗布３２００円・施術５０００円／50g塗布４５００円・施術６０００円

【カット料金】　上記に、ショート＋３０００円／ミドル３８００円／ロング４０００円～

長野の田舎町で、まわりの目を気にする地域性や抵抗感も強いですが、伝える情報を受け止め、実行して結果が出る、お客様の笑顔だけで十分満足できるサポーターでありたいと思います。「やりたい」から「やっている」、ブレない自分を保ちながら、仕事の時間は充実感で満たされています。

「髪、きれいになったね！」とコーミングしながら手が止まる……。

これが美容師としての役割が果たせた瞬間です。お客様に合った無理のないヘナスタイルをアドバイスし、ヘナを続けていただいた結果を共感できるよろこびは、通常のパーマ、カラーを施術としている美容師ではできないことです。

髪がよくなるとその人の雰囲気も変わり、注目される存在になります。髪の質を高めることで、人の質、人生の質までも高まっていくと感じています。

新しい時代にふさわしい、新しい美髪への提案ができること、美容師として美しい髪を手渡せる幸せを感じています。ありのまま自然に添った生き方、良心に添った信念があれば、結果は必ずついてきます。

高木順子さんとの出会いは、長野県松本市内で行なったヘナのワークショップでした。当時、ストレートパーマだった高木さんに、週に一度ヘナをすることで必ずくせ毛が改善されるという提案をしました。3～4カ月に一度の講習会で会うたびに彼女の髪は変化していきました。ご本人もその変化に対し、納得された様子でした。2回目の講習会から参加された妹さんたちの髪もヘナで劇的に変化しました。

美容室を再開してから1年。ご自分が経験されたことをほかのお客様に伝えるため、カットとヘナの美容室スタイルでチャレンジされることになります。経絡マッサージ、漢方浴、そしてヘナを施術し、美容院では通常のメニューも扱っています。

お客様が求めているものは、髪をきれいにすることです。壊れた髪を元の状態に戻すのには時間がかかります。短期的な利益のみを追求することはお客様の信用を失なうことでもあります。最初は苦労も多いかと思いますが、ブレることなく、お客様のよろこぶ笑顔、そして最後にきれいな髪を手渡すことが繁栄への道です。

現在、母親世代のお客様（40代～70代）がヘナにより劇的な変化をしたことで、次世代の娘さん（10

代～30代）へと引き継がれ、来店が続いているそうです。「きれいな髪は年齢関係なく、貴重な存在です」と高木さんは言っています。

ヘナのすばらしさとお客様からのよろこびの声は、高木さんが3周年企画で実施したアンケートからもわかります。

「信じてよかった」「髪に天使の輪」「抜け毛が減った」「癖が落ち着いた」の意見、さらに一番多く目にした言葉「安心、安全」からもヘナの支持が見えてきます。「あなたと出会えてよかった」とうれしい言葉もありました。また、ヘナの「オレンジでもよい」と「オレンジは嫌」の2通りにわかれていた意見も、回数を重ねるごと気にならない人がほとんどだとわかり、ヘナの色をお客様が自分のものにされていることを実感されています。

開業から3年はヘナの正しい情報提供、ヘナによる髪効果として結果を出すことを優先し、1人のお客様に納得していただける時間の必要性、安定した接客ができることを心がけてきた高木さんは、流れ作業にならないように、1日最高5、6人までの完全予約制でやっています。スタッフはいません。

数字的に見ていくと、

【年度売り上げ金額】2012年：130万円／2013年：388万円／2014年：376万円

【1カ月平均来客数】2014年：75名

2013年7月の開業から1年9カ月で、新規のお客様100人を達成しました。

ケース②　佐賀「美容室　ひろこ」

美容師歴40年の山中ひろこさん（64歳）は、美容室「ひろこ」を佐賀で開店して10年くらい経った頃、パーマ、ヘアカラーなどの自分の技術に不信感が出てきました。

「どうしたらきれいなウェーブやカラーが出るのかしら」と思いながら、美しい髪にしたいトリートメントや、タンパク質を入れての施術をいろいろ試してきましたが、納得いかないままウォーターシステムを導入したり、水分を入れたりするなどやってきました。髪も少しはよくなったかなと思うだけで、今日まで来ました。

水の講習会で化学薬品の恐さを知らされた後、３年前、お客様で産婦人科の先生と知り合いになり、そこでカラーリング剤の恐さを知ることになります。そこで、森田先生の本をいただき、勉強させられることばかりでした。

いまではヘナの重要性をかみしめております。感謝しています。今後が楽しみです。しかし、まだ白髪のお客様へのヘナのすすめ方、かゆみが出てきたときの注意点などわかりません。

山中ひろこさんとは、佐賀で助産師をされている方に招かれて開催したヘナのワークショップで出会いました。美容室で使われる薬品類による経皮吸収のことを知った後、私と出会ったのです。

講習会ではヘアカラーやパーマによる薬害についてお話をさせていただいていますが、現役の美容師にとってはいまの仕事を完全に否定されているように思われることでしょう。「事実は事実として受け止めてほしい」と伝えると同時に、ヘナのすばらしさを理解していただくための方法や実践、学術的な解釈などをお伝えし、仕事の中に活かしていただければと繰り返しお話をしています。

実際、いままでのお客様に対して新しいもの（ヘナ）をすすめるには、ヘナの本当のよさをご自身が理解していなければなりません。いままでのヘアカラーに比べて時間がかかり、色調も限られるものをすすめていくのですから、何が利点なのかをお客様に伝えられるだけの知識がなければいけません。お客様が本当にきれいなものを手に入れるために何が必要なのかを模索しながら、新しいものにチャレンジしてほしいものです。これからの時代のキーワードは「自然で安心・安全」なものです。

ケース③ 徳島「徳島市民病院　理容室」

２０１２年夏からヘナに比重を置いたお店をはじめたのが、徳島市民病院の中にある理容室の菊川ゆかりさん（50歳）です。理容師になって27年です。

毎日、何種類もの薬で治療している患者さんと関わる中で、からだの弱っている人に毛染めの薬剤を使用することに抵抗があり、悩んでいました。患者さんの顔色やヒフの状態を見ながら、必要があればパッチテストなどを行なっていました。

体調やヒフの状態によっては毛染めをお断りすることもありましたが、患者さんから「毛染めをしてほしい」と強く希望されれば、迷いながらもカラーリングをしていました。

そんなとき、久しぶりに出会った友人が元気な髪をしているので、話を聞くと「ヘナをしている」と言うのです。そこからヘナに興味を持ち、森田さんの講習に出かけたのがヘナとの出会いでした。

しかし、パーマやカラー剤をいっさいやめたため、お客様が減りました。パーマやカラー剤の希望のお客様が来なくなりました。特に20、30代のカラー剤希望の客が来なくなり、40代～70代くらいの客層に定着するなど変わってしまいました。

収入は1～2割程度減り、収入減に不安があります。

現在の施術料金は次の通りです（税別）。

【カット】２０００円（女性）／１５００円（男性）

【ヘナ】２９４０円（ショート）／３４７０円（ミディアム）／３９９０円（ロング）／４５３０円（エクストラロング）

過去にまがいもののヘナを使用したことのあるお客様も多く、ヘナに関する間違った情報を持たれていて、本当のヘナに関する説明が理解してもらえるかどうかも不安でした。

ヘナのよさは理解していますが、1色にしか染まらないというところがあり、オレンジという派手な色になることに抵抗があるお客様に受け入れてもらえるかどうかも不安でした。

実際「ヘナのよさはわかるけれど、私はいろいろな色を楽しみたいので、ヘナをせずカラー剤にする」というお客様（50代女性）もいました。一方、「ヘナをはじめてから髪にハリ、コシが出て若返った。オレンジ色もきれいで気に入っている」というお客様（30代女性）もいました。

2年を経た頃から、お客様の年齢層が30歳代を中心に40、50歳と増え、新規のお客様が来店されるようになりました。

カラーリング剤では誰もが好みの色にすることができ、表面的な美を追求することはできます。しかし、髪のダメージや身体的な負担があるということまで気がつくことができていません。

私たち専門職がヘナの髪に対する効果や効能などの知識を深め、髪は再生できるものであり、ヘナという自然の植物を使い健康な状態が本当の美しさであることをお客様をはじめ、私のまわりの人たちにも周知できるように伝えていきたいと思います。

からだによいものでおしゃれを楽しみたいものです。

菊川ゆかりさんとの出会いは、高松市内でのヘナのワークショップでした。長年、理容師をされてきた菊川さんなので、ワークショップに参加されていた皆さんの髪の毛の変化には目を見張るものがあったようです。さっそく現場で実践をされましたが、大きな難問が持ちあがりました、白髪の多い人がヘナでオレンジ色になることが受け入れられず、四苦八苦してきました。しかし、それも2年経って私自身も多くの経験を重ね、ヘナに対する考え方が大きく変化しました。その結果、お客様の数も倍以上に膨らみ、たくさんの方から感謝の言葉をいただけるようになりました。

髪を美しくする植物染料はたくさんありますが、その中で、染毛料としてすぐれた能力を発揮するのはヘナです。トリートメント効果もバツグンです。それでも「ヘナの赤い色は気になる」「色がねぇ」と見た目を気にする方も多いです。

私は仕事柄、多くの女性を見てきましたが、ヘナで染めたきれいなオレンジ色（赤色）の髪や、染めないでいる美しい白髪の女性をたくさん知っています。美しさとは、単純に色ではないのです。その人自身が持っている、その人にしかないものです。

だからこそ、色に関する質問に対して、「お客様に我慢してもらえ」と一方的に答えます。この答えの真意は、ヘナの持つ抗酸化力や白髪を抑制する力を理解しているからです。安易に色の満足を提案するのではなく、本当の髪のきれいさを理解してほしいという思いからくる答えなのです。

しかし、その答えに多くの美容師や理容師はとまどうばかりです。このことをお客様に伝えていくのは非常に難しいようです。

私自身、サロンでお客様のリクエストは一切聞きません。それは主体となるものが髪だからです。髪のきれいを目指すのであれば、こんな気持ちで仕事をしてほしいものです。金銭と髪の毛をきれいにすることをわけて考えれば、答えは必ず出るはずです。

ケース④　北海道「CUT／HENNA 髪音（kamioto）organic salon」

「美容師という仕事が大好き」と言う北海道の鈴木佐世理さん（40歳）は美容師歴17年になる美容師です。ヘナ専門サロンとして営業をスタートし、３年目になります。

いままで、すごい手荒れや薬剤の化学物質のアレルギーで体調を壊すスタッフや美容師仲間たちを間近で見てきました。

以前、勤めていたお店でもともとアレルギー体質ではない先輩の女性美容師が急に手荒れがひどくなり、手袋をして施術もしていました。それでもガサガサな荒れ具合が治まらず、美容師がとても好きでしたが、お店も美容師も辞めてしまいました。

同僚の男性美容師はパーマやカラー剤をしているとき、急に咳き込むようになり、特にパーマの施術をするときには咳がとまりませんでした。そのため施術もできなくなり、お店に出社しただけで咳き込むようになり、彼も美容師という仕事がとても好きでしたが、お店も美容師も辞めてしまいました。

そんな物質をお客様の頭に塗布し続けることに、とても違和感や嫌悪感があった中、知人がヘナの講習会を主催すると聞き、初めて森田先生の講習会に参加し、ヘナにはトリートメント効果があり、髪や頭皮に安全だということ。そして、染料や殺菌効果がある葉として古くから使われていたこと、魔よけや呪文的な物としても使用されていたことなどを知り、ヘナに魅力を感じました。

しかし、美容室で使う場合、デメリットだと思うことがいくつかあります。

染まるのに時間がかかる。／どんな色に発色するかわからない（白髪の友人2名にヘナをしたところ、オレンジ色の明るさの度合いがそれぞれ違いました）。／ケミカルのカラー剤のトーンと違い、明るい色が出ない。／色がオレンジしかない。／においが残る。

女性客は華やかさを求めるところがあります。たとえばまっすぐな髪をパーマでふわふわにしたり、カラーで色を変えたりすると、テンションやモチベーションが上がり、気分まで晴れやかになると思います。

ヘナとカットのみで営業した場合、この変化が乏しくなる気がして不安がありました。しかし、開店当初に不安に思っていた事柄はすべて自分自身の髪の変化、それとお客様のよろこびの声、美髪再生の結果がすべて解消してくれました。

施術メニューでは、ヘッドスパやアロマエステなども考えていましたが、いまではヘナとカットだけのお客様が増え、毎日ヘナの香りに自分も癒されすてきなヘナライフを送っています。

必要としているすべての方々に本物のヘナのよさを知っていただき、伝えていきたいです。

鈴木佐世理さんとは、札幌でのヘナのワークショップで出会いました。美容師だと知り、美容室の中でよくある会話のひとつを紹介しました。

お客様に対してヘアカラーをする際、「なるべく髪の毛が傷まないようにしますね」。それが次に来店したとき、同じお客様に対して「髪の毛が傷んでいますね」。

こんな会話が日々、美容室で繰り返されています。美容師さんたちがその矛盾に気づかず、日々仕事をしているということに気がついてほしいと思い、美容師に伝えています。

美容師経験の長い鈴木さんはこのことを理解すると同時に、ヘナのすばらしさも少しずつ理解されてきました。長年勤めたお店を２０１２年夏に退職されて新しいお店をはじめるに当たり、ヘナを取り入れるため模索されました。色のバリエーション、染まる時間の長さ、黒髪に対して明るい色が出ない、においの問題などをクリアするための答えが見い出せず、また、ファッションとしての髪にも不安を持っていました。

私からの答えは、「自然は美しい」ということをヒントにして、きれいを追求するということです。また、自然のにおいや色、かかる時間は当たり前だという認識を持つこと。いままでのような便利や早さを追求する時代からゆったりと自然と同調する生き方の時代へと変化をしてきていると思えるからです。そして、髪にも変化が起きるためには「自然」がキーワードではないでしょうか。

ヘナ専門サロンとして3年目を迎えた鈴木さんは、美髪再生美容師として過ごされています。

ケース⑤　北海道「マースボウ MARTHBOH」

北海道にある「マースボウ MARTHBOH」の美容師の北村衣都子さん（50歳）はアレルギー体質の美容師です。ヘナ専門店をオープンして7年目。美容師歴18年です。

美容師としておよそ15年のブランクを経て、2008年6月、アロマテラピー関連商品やハーブティーなどを販売するエリアと、コスメやクラフトの手作り教室を行なうエリアを併設し、その奥に扉で仕切った、セット面とシャンプー台1台ずつのプライベートヘアサロンのある店舗をオープンさせました。

アロマテラピーグッズはナチュラル素材のものを中心に私自身が使える商品だけを置き、ハーブティーはオーガニックや無農薬栽培。それらの基材を使った化粧水やクリーム、石けんなどの手作り教室も時折開いています。エッセンシャルオイル、ハーブティーなどの取り扱いもしています。

美容室は化学染めを一切せず、パーマもすすめず、ヘナとカット（カット4000円、ヘナ4500円〜、税別）のお客様がほとんどで、サロンで使用するシャンプー剤は自作の石けんシャンプーです。

このようなスタイルの店舗になったのは、私自身の経験からきています。

美容室で働きはじめてすぐに手が荒れ、カラーやパーマ剤、スタイリング剤にかぶれるようになりました。病院のヒフ科で、「化学物質による接触性ヒフ炎」と診断されました。処方されたステロイド剤をこまめに擦り込んでもすぐに効かなくなり、強力なものにエスカレートしていきました。

念願のスタイリストになり、カットが仕事のほとんどを占めるようになっても手のかぶれは一向に改善されず、さらに偏頭痛や倦怠感、酷い肩こりまではじまりました。毎朝重いからだを引きずるように出勤し仕事を続けていたある朝、からだがまったく動かずとうとう起き上がれなくなってしまいました。

美容の仕事とは決別し、自分の判断でステロイドの使用を止め、壮絶な離脱症状と戦い地獄のような日々を続けて2年ほど経った頃、ようやく手の腫れが収まり、同時に偏頭痛や倦怠感も消えていきました。

間もなく、新しいことを身に着けようと渡米した先で、当時の私には馴染みのなかったベジタリアンやナチュラリストと出会い、大きく影響を受け、帰国後、縁があってある大型美容室へ就職しSEや広報の仕事に携わりながら、アロマテラピーやハーブティーの資格を取り、石けんやコスメなどを手作りすることを覚えました。

しかし、からだに悪いとわかっていながら、「からだや環境に優しいヘアカラー」などと謳った広告をつくっている自分に限界を感じたのです。退職し、本当に人を健康で美しくできる美容室をやろうと考え、実現させたのがいまの店です。

「美容師に復帰したい」と考えたとき、敏感肌の自分が使えるもの、人のからだに負担のかからないものだけでできる美容室をすることを決めました。もちろんジアミン入りのカラー剤は使うつもりはありませんでした。白髪染めの要望に対処するつもりで、20数年ほど前に知ったヘナを思い出し、試したのがヘナ専門店をするきっかけです。

店をオープンする前、知り合いの美容室オーナーから「ヘアカラーをしない美容室は聞いたことがない。やっていけないよ」と予想通りのを忠告されました。

しかし、アルカリカラー全盛のこの時代で、売り上げがそれほど望めないことはわかっていましたし、地道にコツコツとヘナを広めてくしかないと考えていたので、それに対しての不安はありませんでした。むしろ従業員を雇えないため、アシスタントなし、自分一人で何もかもやらなければならないことのほうが心配でした。

開店当初の美容室の売り上げは少なかったのですが、化学物質の怖さを身もって体現した私に迷いはありませんでした。コツコツとヘナをすすめてきた結果、現在では新規の予約が入り難くなってきたので、常連のお客様にはご自宅でのヘナをすすめています。

食生活や生活環境を改善したいまでも、よほど気をつけないとすぐにかぶれを起こしてしまいます。化学物質に過敏な反応をする私の手は、トリートメントやリンス剤がついたお客様の髪を素手でさわることはできません。シャンプー時は蒸れ防止の綿手袋の上にゴム手袋着用です。シャンプー後のカットでも、石けんシャンプーで1、2回洗ったとしても化学物質が残るので、ゴム手袋をしないと指がかぶれてしまいます。仕上げのドライイングも綿手袋とゴム手袋を着用。

ヘナの残り香が気になる方には、溶いたヘナにラベンダーやユーカリ、ローズマリーなどのエッセンシャルオイルを数滴たらします。クロスやタオルの洗濯は洗剤や柔軟剤を使わず、重曹と酸素系漂白剤、仕上げ剤としてクエン酸とエッセンシャルオイルを使います。

実は私自身、植物かぶれも起こすので、ヘナを自分の髪に塗布することはできません。ヘナにもかぶれるのです。天然ヘナ100％「ナチュラルヘナ」でもアナフィラキシー（急性アレルギー反応のひとつ）を起こしてしまいます。自分もヘナをすることができないだけでなく、お客様の施術は塗布からシャンプー、仕上げのドライイングに至るまで、すべてゴム手袋使用なのです。

ヘナでかぶれる私がヘナをすすめているという特殊なケースです。ジアミン入りのヘナでなくても天然100％のヘナでもかぶれてしまう私のような体質の人がいること、このかぶれが化学物質のものとどう違うのかを誤解されずにきちんと説明できているかという不安もあります。

それでも、ヘナで髪が改善され美しくなっていくよろこびをお客様と共有することができるのが何よりも幸せなことなので、私はこれからもヘナのすばらしさを伝え続けていくことでしょう。

北村衣都子さんとの出会いは、ヘナのワークショップでした。旭川でのワークショップは当初30名から200名ほどに人数が増え、「髪を切ってもらいたい」という参加者の希望にこたえ、北村さんの経営するお店を借りることになりました。

北村さんはアレルギー体質で、美容室で使われる薬品以外にヘナでもかぶれるという特殊なケースです。もちろんヘナだけではなく、さまざまな植物に対してアレルギーを起こすようです。私の知る限り、ヘナによるアレルギーの方の症状は炎症性の充血によってヒフにできる発疹（紅斑）のようです。

ご本人がアレルギーの症状を持つということで、お客様に対してなるべく安全で安心な商材を提供しています。アレルギーの方へのアドバイスはご本人の経験からお話ができるので、繊細な接客ができます。ヘナ専門店として7年ものキャリアを積んでおられ、旭川でホンモノのヘナを伝えていく役割は非常に大きい美容室です。

ケース⑥　秋田「ふじもと美容室」

秋田の「ふじもと美容室」の美容師の藤本康子さん（58歳）。美容師歴16年です。ヘナと過ごした日々は7年になります。

化学染めによる、地肌の痛みと傷み、極度の薄毛で悩んでいた7年前、森田先生の著書『トリートメントヘアカラーヘナ』に感動し、直接電話をかけていました。送っていただいたヘナの新刊本を何度も読み返し、ついには青山のサロン「カミドコ」に押しかけてしまいました。

人口は少ないのに美容室の数はやたら多いこの小さな町で、ヘナだけでやっていくと決断するのは大変なことでした。パーマや化学染めをやめること、よいものを人に伝えることの難しさで悩んでブレまくりの数年を過ごしましたが、真っ当な生き方をしていたらお天道様は助けてくださると腹をくくったことで、楽しく仕事をしています。

料金は、ヘナ／２００円（１００グラム）＋施術料２５００円（税別）。ヘナはお客様の髪の長さや量によって必要であればご購入していただくこともあります。

私自身、花粉症やアレルギー体質も軽くなり、生き方までもヘナは変えてくれました。ブレてばかりの自分を支え導いてくれた森田先生、出会ったお客様に感謝の気持ちを忘れず、これからも秋田でヘナのすばらしさ、唯一無二の宝だと伝えられるよう頑張ります。

私が書いた書籍をご覧になり、東京のお店に訪ねて来られたのが藤本康子さんとの出会いでした。。その後、藤本さんのお店がある秋田県に足を運ぶことになり、いまでは年に何度か東京に来られて仕事の様子を見学して行かれます。

以前は今までの美容からなかなか抜け切ることができなかった藤本さんでしたが、今ではきっぱりヘナとカットのみでお客様を満足させることができるようになられました。

ケース⑦　札幌「HAIR STUDIO 樹（miki）」

札幌の美容室「HAIR STUDIO 樹（miki）」の坂井美樹さん（49歳）。美容師歴30年になる美容師です。

現在、自宅サロンで完全予約制で営業しています。

ちょうどこれからの仕事を模索中だったとき、ワークショップに参加しました。ヘナの話から美容師の話まで、美容師を続けていく上での方向性のヒントをいただきました。

実際ラクシュミーのヘナを使ってみたところ、以前扱っていたヘナと使用感、仕上がり（質感、手触り、色味）がこんなにも違うことを知りました。

長年髪のことで悩まれているお客様におすすめしたところ、コツコツご自分で使い続けて改善途中ですが、その変化によろこばれています。

縮毛矯正をされている何人かのお客様も、数回のヘナ使用でクセ毛の扱いがラクになったとよろこばれ「脱！　縮毛矯正」に成功しています。

ヘナは美容室への来店の時間やコストが軽減し自分ですることに慣れてしまえばとても簡単できれいになれるお手入れ方法です。白髪染めというよりもトリートメント効果を理解していただき、使い続けていくことで、髪だけではなくからだにも変化を感じられている方もいらっしゃいます。

ヘナを取り入れるとシンプルなライフスタイルも手に入れることができるのではないかと思います。森田さんがいつもお話されているように、足し算より引き算の生き方が可能になります。

まだまだヘナを知らない方、興味のある方がたくさんいるはず。その人がその人のままでいられる、そのツールとしてヘナという選択もあることをこれからも発信していきます。

坂井美樹さんとの出会いは２０１３年６月、札幌でのワークショップでした。参加者の中で数少ない美容師の一人でした。その後、お店でヘナを実践されはじめました。いまでは札幌でのワークショップのよき協力者の一人です。

開業資金、諸経費、メニュー料金、売り上げを教えていただきましたので、開店を考えている方はぜひ、参考にしてください。

◆開業資金【賃契約金】自宅での開業のため０円【設備費】40万円【内装費】25万円【材料費】5万円　合計70万円

◆諸経費【材料費】２～３万円【家賃】６万円【光熱費】１万３０００円【雑費】５０００円～1万円

＊合計は1カ月、10～12万円くらいまでの範囲

◆メニュー料金（税込）【カット】４５００円【ヘナ】５０００円

◆1カ月の売り上げ【開店当初目標】約60万円【現在】約40万円

現在はヘナを購入していただいて自宅でされている方が90％です。

ケース⑧　札幌「fullmoon」

札幌の美容室「fullmoon」の益井彩乃（31歳）さん。美容師歴11年になる美容師です。朝７時からプライベートサロンを営業しています。

はじめてヘナにふれたのは、新卒で就職した美容室でした。その後勤めたお店でもヘナを扱っていましたが、インディゴ、ＨＣ染料が入ったものなどもありました。正直、ヘナについてもよく理解していない状態だったので、手間や時間がかかるのに色が選べない、仕上がりも違いため、積極的にお客様にオススメしようとは思いませんでした。

開業した２年前、私は面貸しの美容室（美容室やサロンの一部を借りて個人事業主として独立した形で働くシステム、別名ミラーレンタル）で働きながら、鍼灸師の国家試験を取得するために学校に通っている状態でした。以前勤めた、自然派志向のサロンで美容と健康について思うところがあったからです。

鍼灸師の授業前の限られた時間で仕事のため「目の前のお客様に集中して、よりよいサービス、技術を提供するためにどうしていこうか」と考えていたところ、たまたますてきな物件の話に出会え、１カ月ほどで急いで準備をして朝７時から午後４時までという営業時間のサロンをオープンすることになりました。

念願の自分のサロンをオープンした直後、事件が起こりました。その日、お客様にパーマの施術をしてから学校に通学。自分でもパーマの薬液のにおいが強く手に残っていると感じていました。授業中、隣の席の友人が咳込みはじめました。

「あ、まずい……」。しかし、席を離れるもすでに遅く、友人は調子を崩してしまいました。彼女は化学物質過敏症だったのです。その後、化学物質過敏症による副作用の尿管結石、卵巣嚢腫により入院までしてしまいました。

近くにいて残り香をかいだだけでこの状態です。たとえば化学物質過敏症に自分でも気づいていない方がいて、実際に直接施術をしていたらと思うとぞっとします。

このような現実があることを、ほとんどの美容師は知りません。知らないので、お客様に求められるままによかれと思って一生懸命施術しています。しかし、より美しくと思ってしていることがかえってお客様の髪や頭皮を壊し、健康被害を与えているかもしれない事実があります。

私自身、このショックな事件に胸を痛めました。心の葛藤があり、せっかくオープンしたお店をどうしようか悩んでしまいました。

そんなとき、以前知合いの美容師さんから森田先生のヘナのお話会に誘われていたことを思い出し、参加してみました。もうすでにヘナだけにサロンをはじめたすてきな美容師さんたちとの出会い、先生から言われた胸に刺さる一言。知ってしまったらもう戻れない――。

お客様に頭を下げて、ケミカルなパーマ、カラーを一切やめてオーガニックヘナの施術に切り替えることにしました。

このことで、自分の中に覚悟が決まりました。

・自分にも使いたくない、自分の家族に使わせたくないものを、お客様にも使わせない。
・美と健康は表裏一体であり、両方からのアプローチで相乗効果を引き出す。
・目の前のお客様に向き合い、末長く寄り添っていけるように自分自身が成長する。

今後は、女性が輝くと世界は元気になるという信念を持って、美容師としての経験を糧に、鍼灸師の勉強も深め私ならではの治療法を創り、輝く女性のお手伝いをするため奮闘していきます。

現在の施術方法と料金は【ヘナカラーヒーリング】（ヘナ塗布、ヘッドマッサージ、足浴、整体、シャンプードライ）1万5００円　【経絡ヘナアート（メヘンディ）】3５００円　です（税別）。

益井彩乃さんと出会ったのは札幌のワークショップでした。当時、お店を経営されながら鍼灸の学校に通われていると聞き、とても興味を覚えました、私も若い頃、鍼灸の勉強をして頭皮やからだの改善ができればと考えていました。益井さんはこれからの時代の美容法を模索して実践されている方だと思います。

たくさんの人に支えられ、益井さんは２０１５年春、３年間の学校生活を終え、無事に国家試験取得されました。

「カミドコ」での変化

ここ2、3年、カラーリングをしている若い女性たちが「カミドコ」に来店されるようになりました。お店のブログや自著『美髪再生』がきっかけとなっていますが、これはいままでにない傾向です。繰り返しのカラーリングへの不信感、そして今後の不安からのようです。２０１３年『なっとく！のヘアカラー＆ヘナ＆美容室選び』出版後も多くの方がお店を訪ねて来られました。

東日本大震災以降、原発事故の影響もあって、からだにとって有害なものは排除したい気持ちが強くなってきたように思えます。ヘナをはじめて、いままでにない感覚を得て、そして、「髪のツヤがよくなった」「頭がスッキリする」「抜け毛が減る」「シャンプーの回数を減らしても平気」というように、カラーリングでは経験できないような新しい体験をされています。

また、いままで自宅でのカラーリング体験のない方でも、気軽にヘナをされるようになってきました。当然コストもいままでのようにはかかりません。

「カミドコ」のスタッフに新しく加わった美容師の彼はアトピー性ヒフ炎で肌も弱く、薬剤「ＰＰＤ（パラフェニレンジアミン）」アレルギーでしたが、ヘナ専門サロン「カミドコ」に移って体の調子はよくなりました。

カラーリングやパーマ時、美容師は手袋を着けて防ぐことはできても、お客様の頭を守るようなことはできないと感じていた彼は、いまではお客様のきれいな髪を見ることができ、髪やその人の心境の変化を感じることができることにやりがいを感じています。

まわりの美容師から「カラーとかをやらないで何をしてるの？」「ヘナって何？」と疑問をもたれることもしばしばだそうです。「ヘナって何？」「カラー剤でしょ？」と言われることもあり、「お客様にやっていることを美容師自身がわかっていないことはとても怖いこと。こんなに多くの方たちが髪のトラブルで困っていることは日々知るにつれ、髪という素材をきれいにすることが本当にきれいな髪だということを実感しています」と言っています。

髪の再生法

素材とヘアスタイル

髪の再生は大きくわけて2つあります。

1つ目は髪という素材の再生、もう1つはヘアスタイルの再生です。

素材の再生に要する時間は、頭皮も含めて約3年間です。再生できる費用が0円の自然治癒が理想です。または植物の力を借りた再生のプログラムです。

もう1つのヘアスタイルの再生は、素材が完璧（無垢な状態）で、長さがあれば即再生可能です。

カラーリングをしていた人がヘナに切り替える場合、根元に元の色が出てきて（プリン状態）毛先のカラー剤が染着していた部分にヘナの色が浸透して、少し赤味のかかった色に変化していきます。また、髪の再生とともに、ヘナのトリートメント効果でしなやかな艶のある髪に変化していきます。

カラーリングで2色になった髪をいかにきれいに見せるかが課題になります。そのきれいになるまでしばらくの間は我慢するしかありません。ヘアスタイルによっても時間のかかり方は異なりますが、ショートの場合、半年もあればきれいな髪を実現できます。

カラーリングとしてヘナをおすすめしてきましたが、私は「白髪のままも美しい」と思っています。きれいに髪を整えていれば、年を重ねた年輪のような美しさがあります。中途半端に髪を染めて髪を傷めたりするのであれば、むしろ髪を染めることをやめたほうがよく、毛染めを考える前に、長期的に考えていくことも大切です。

カラーリングやヘナをしていた人が白髪に切り替える場合、まずは目標をはっきり決めることが大切です。目標に到達するまでの時間とコスト、リスクがはっきりすれば後は時間が解決してくれます。白髪の部分が５～６センチ伸びるまで待ち、一挙に染めていた部分を取り除く、これでまずは色を統一します。そこから徐々にヘアスタイルを変えて行くことが望ましいです。

何よりも大切なのは意識の変化です。本当に必要なものが何かという答えが見つかれば、あとはそれを反復するのみです。

カットとハサミの選び方

ここ数年感じるのは、刃物（ハサミ）の使い方で髪は大きく変化するということです。お店にみえるお客様やワークショップ参加者の髪を見て、特に気になるのが毛先の納まりです。これにはいくつかの要因があると思いますが、刃物の問題と切り方の問題の２点ではないかと思われます。

カットには４つの特徴があります。
（１）毛先から根元に向けて髪を斜めに切る。
（２）根元から毛先に向けて髪を斜めに切る。
（３）髪の断面を垂直に切る。

（4）すきバサミで切る。

この中で髪がいちばんきれいに見えるのは（3）です。断面が小さいと毛先のなじみがよく、また表面が非常になめらかに見えるからです。

円柱形の髪に対してどのように刃物が入るかで、髪という素材は大きく変化します。刃物の切れ味によっても切り口に影響が出ます。より切れ味のよい刃物で髪を整えたほうが、髪の断面はきれいになります。切れない刃物で整えた毛先は枝毛にもなります。

切れ味の悪い刃物で切ると切れない包丁で切ったトマトのような断面になります。だからこそ、ハサミやレザーの手入れは非常に重要です。

眉にもヘナ

毎回ヘナをするとき、残ったナチュラルヘナ（化粧品）を眉に塗っているという声を聞くようになりました。古代でも、髪だけでなくまゆ毛、ひげにもヘナは染色に使われていました。

福岡「カミドコ」の徳永佳子さんも眉ヘナの愛用者で、「人の第一印象は眉の形で随分変わります。眉の形や眉毛の艶は髪の毛同様生命力の表れ。ヘナをはじめて髪が艶やかでしっかりとしたので、眉でも同じではないかと思い、自分の眉毛を育ててみようと考えました。試しに塗って1時間ぐらいで洗い流してみると、眉が濃くなって見えました」とみなさんにすすめています。

ワークショップ参加者の女性は「目の疲れが和らぐのが感じられます。そして、髪に合ったオレンジ系のグラデーションが入り、眉が立体的に見えるのが気に入っています」と眉ヘナを楽しんでいます。毛並みも一定方向に流れ、アイブロウで描かなくてもしっかりとした眉に仕上がります。ヒフがオレンジ色に染まるので、ヘナを塗布して1時間以内で洗い流しましょう。

ヘナと出会えてよかった

きれいになって笑顔のみなさん

最後に「ヘナと出会えてよかった」と語るみなさんのヘナライフ話を紹介します。

◆納得してヘナで染めた60代の女性が次回に来店されたとき、真っ黒に逆戻りしていました。「カットは気に入ったので通います」と言われましたが、私は素材（髪）とデザインの双方を変えていきたいのでお断りしました。その後も話し合って、毎週ヘナをするのが習慣となった彼女はいまではオレンジ系のきれいな髪です。ご主人がヘナを塗ってくれているそうです。

◆「いままで美容室に行って一度も気に入ったことがない」という30代の女性は、ショートでくせ毛、いつも広がって納まらないのが悩みでした。2年間は髪を切らないことと、週に一度のヘナをすすめ、2年後の彼女の髪は大きなウェーブで、とてもまとまりのある状態になました。新聞記者の彼女はその後、私の本（『美髪再生』）を記事として取りあげてくれました。

◆パーマとカラーによる脱毛がひどく、サロンに来店された60代の女性の髪はまるで大仏様のようでした。「1年後にはまったく別人になりますよ」と約束しヘナをすすめた結果、いまではれんが色のショートボブ。薄毛が気になってクラス会にも参加できなかったようですが、「これで、長年参加できなかったクラス会に出席できる」と大はしゃぎでした。

◆ヘナをはじめたのが70代で、90代になるいまも現役で仕事をされるすてきな女性がいます。初めてお会いしたときの印象は「もうすぐかつら行き」状態でした。いまでは全体的に黒髪も増え、毛量も倍近くに見えます。髪が変わったことで、さらに生き生きとされています。

◆薄毛に悩む男性の頭皮はとても脂っぽかったのですが、週一度のヘナをしばらく続けた結果、抜毛が減り、鼻の頭の湿疹までも消えてスッキリしました。久々に会った元同僚に「遂にかつらになったのか」と思われたという笑い話が出るほど、劇的に彼の髪は変化しました。

◆ヘナ愛用者の女性が夫にもヘナをすすめました。その後、「実は主人の抜け毛が止まり、おまけに枕の嫌なにおいも消えてとてもうれしい」とおっしゃっていました。

◆「いまでは、髪のさわり心地もクセさえも大好き」という40代の美恵さんはヘナに出会ったときは体調を崩し、仕事を辞めた頃でした。からだの声は聞いていたものの、髪の悲鳴が聞こえていなかったことと、美容師の言いなりだったことを反省するばかり。ヘナの開始時は絡まったり、抜け毛が多く心配していましたが、半年後にはまわりから「変わった」と言われ、特別なことをしなくて美しくなれることのよろこびを感じられています。

◆本物のヘナで染め、オレンジ色のショートがツヤツヤの能勢富美子さん（60代）。「私の髪はいま、名刺代わり」と言うほど、後ろからでもすぐに気づいてもらえるとよろこんでいます。洋服もオレンジの髪に合うようにバラエティーに富んだおしゃれな女性です。白髪が目立つようになって、「ヘナ」の看板のある美容室で染めた後にかゆみを感じました。美容師から合成ヘナだと聞き、有害化学物質入りの髪染めを使うことは、からだはもちろん、洗い流した水が自然界を汚すことにもつながると思ったそうです。「本物のヘナで髪もからだも、気持ちも爽やかに！」とおっしゃっています。一般向けの「ヘナ講座」を２００１年、東京・青山ウイメンズプラザで開催したとき、マネージャーをしてくださったのが能勢さんです。

◆ヘナをはじめて5年の60代女性は髪質も変わって、みんなから「きれい」とほめられるようになり、25年ぶりにロングヘアにしました。あるとき、小児がんなどで髪を失った子どものウイッグのことを知り、自分の健康な髪が役立てるためウィッグ用に髪を32センチ切りました。ヘナによる健康な髪であって、誰かの役に立ててうれしい気持ちでいっぱいだそうです。

◆20歳から20年間、ヘアカラーを続けてきた戸練ミナさん（30代）は、カラーをしているほうがおしゃれだと信じ切っていました。高級トリートメントや整髪剤を使用しながら、ヘナでも髪の毛が傷むと勝手に思い込んでいましたが、実際にヘナを体験してみると、髪の毛がやわらかくツヤが出てきて、抜け毛も減少。整髪料も一切必要なし。髪も早く乾く。美容院代も減ったなど大きな変化を感じます。「シンプルにしていくと時間も労力もコストもかからず、気持ちもラクになり、自信につながってきた」とおっしゃっています。

髪がきれいになったときのみなさんの笑顔は何よりもうれしいです。

おわりに――髪も「自然主権」

「美容業界の革命児」森田要さんにお会いしたのは、2011年の年末のことです。「カミドコ」はカラーリングだけではなく、パーマもしない美容室だと聞き、興味を持ちました。それから毎週、自宅で、ナチュラルヘナによるカラーリング&トリートメントを楽しんできました。

「毛染めをしている人は肝機能が悪い」と化学が専門だった父から30年以上前、聞かされました。毛染めはダメの言いつけを守ったおかげか、カラーリングヴァージンのままアラフォーとなり、生え際に白いものが見えはじめた2010年、偶然1カ月の間に3社のヘナの販売者と会う機会がありました。髪も〝いいお年頃〟になってきたので、何社かのヘナを数カ月に一度試しはじめて数カ月した頃、森田さん(当時は塩田鹿納命さん)のことを知りました。

人と商品の「中身」に人一倍関心、興味がある私は、商品の成分をチェックするのが趣味のようなものです。カラー剤のズラリと並ぶ成分にぞっとしながら、花王「ブローネヘアマニキュア」〝脱毛〟裁判などを報告してきました。その一方で、パーマもすでに20年近くかけず、カットも1000円カット派なので、日本全国にカラーリングによる髪の〝薬害〟であふれかえっている事実に接することもなく、過ごしてきました。

8年前、自宅でカラーリングをした母が脱毛して、たいへんな目にあいました。薬剤のオーバータイムが原因だと思われますが、母は「髪によい」と宣伝する育毛剤、薬用シャンプーにはじまり、かつらにまで手を出すことになりました。見かねて「何もしないこと」「洗うなら石けんシャンプー」と言って、いっさいの〝あがき〟をやめてもらいました。数カ月で、母の髪が元通りになりました。〝薬害〟の恐ろしさとともに、人間には自然治癒力が備わっていることを改めて感じた出来事でした。

くせ毛でへなちょこ髪の私は「1週間に一度、ヘナを3カ月やってみたら変わるから」と森田さんにアドバイスされ、素直にはじめました。

手袋をつけて、ショートの髪にペースト状のヘナをペタペタ。塗る時間は約3分。タオルで巻いて1〜2時間くらいして洗い流して、ドライヤーをかけて終わり。かかる費用も月1000円くらいととってもリーズナブル。ヘナをはじめてシャンプーも週2回くらいになったので、そのコストも減りました。

1年経って、頭頂部や横のところもかなりボリュームが出てきました。毎週やっているので、白髪部分はオレンジというよりもかなり深みが出ています。1年でカットした回数は3回。前髪の長さも気にならず、髪が自然に馴染んでいるのを感じます。さらに、トリートメント効果のすごさを実感中です。酸化染料によるカラーリングヴァージンの私は〝薬害〟にあわず、ヘナによるカラーリングしか知らずにラッキーでした。

「3カ月後に自分で気づき、半年でまわりも髪の変化に気づくから」と森田さんはみなさんに言っていますが、かくいう私もちょうど3カ月経ったとき、テレビ朝日「サンデー・スクランブル」に出たら「髪、変わったね」と何人もから言われました。それからまた半年過ぎたら、今度は「髪いいね！」と言われるようになりました。

なんにもわかっていない美容室で、髪を壊されることからそろそろ卒業しませんか？

カラーリングの真実を知ると、みなさん驚きます。〝薬害〟状態の髪、悲鳴をあげている髪を、本来の自分の髪に戻してあげてください。髪に、呼吸をさせてあげてください。

これから生涯、ヘナにお世話になることを決めた私はとても心地よい日々を送っています。おばあちゃんになったら真っ白な髪もいいなと思いつつ、ヘナの柿色、オレンジ髪もきっとすてきだと楽しみにしています。かなりずぼらで、めんどくさがりのこの私がずっとヘナを続けています。みなさんにもぜひ、この心地よさを楽しんでほしいです。

髪にも、その人の思想が現われています。

そして、これからは「自然主権」の時代です。そうでない企業や人は取り残されていくことでしょう。見せかけの「自然派」ももう通用しません。「自然」のほうが人を選ぶ時代で、選ばれる生き方ができたらという気持ちです。

ナチュラルヘナ100％の普及とともに、日本女性のたわわな黒髪の復権を祈ってやみません。「自然主権」のキーワードとともに、元気できれいな髪とともにすてきな年を一緒に重ねていきましょう。

そして、女性は「きれいだね」と言われると、何歳になってもうれしいものです。世の男性のみなさん、彼女やパートナー、お連れあいの髪がヘナで美しさや元気を取り戻したら、「きれいだね」と言ってあげてください。

山中登志子

おわりに――3年かけて髪を再生

取り立てて切望して美容業界に入ったということでもなく、気がつくと37年もの歳月が流れていたと同時に、いまでは美容の世界は切り離すことができません。

毎日人の髪にふれているうちに、髪というものが切ることすら愛おしい存在になってきました。髪を通して、その人の精神や肉体の変化にまで立ち入るという感覚にとらわれます。

1990年代にはじまったヘアカラーブーム以降、髪という素材は劇的な変化をとげ、日本人の持つ漆黒の黒髪は姿を消しました。その後のカリスマ美容師の出現以降、髪に対する価値観は大きく変化し、素材としての美しい髪は姿を消して行ったかのように思えます。

私のお店「カミドコ」はヘナとカットのみというとてもシンプルなサロンです。

多くの植物ときれいな花が共存する空間です。音楽とお香の香りがする心地のよいところです。私の中にある「自然は美しい」を表現する場所です。経験を通して素材をいじらないで配置を変える、生け花と同じ要領です。ヘアカラーやパーマをかけず、髪を整えます。「整える」の意味は、並び替えて整然とするということです。

カラーリング、パーマで傷んだ髪は3年で再生できます。3年と聞いて尻込みをされる方がいますが、一生のことを考えればわずか3年でしかありません。

もちろん、髪の長さ、傷み具合によって、そのスケジュールには個人差があります。1カ月1～2

センチ伸びるとして、カラーリングの〝薬害〟から解放されるのはショートで2年、ロングだと3年はかかります。

まずは現状の把握です。パーマ、ヘアカラー、ヘアケア商品の使用について、いままでのヘアケアに関する調査を徹底的にすることで、髪を壊した原因が見えてきます。

素材（髪）の再生に必要なのは、何もしないという選択です。まずこれを徹底的に実行することです。それによって本来の髪が現われてくると同時に、ヘナを連用することで抗酸化力によって髪が少しずつ変化して行きます。

それで3カ月もすると周囲の人がその変化に気づきます。この頃から本人もようやく納得しはじめます。同時に抜け毛がないことに気づき、髪のツヤ感も認識してきます。後は、これの繰り返しです。いままで壊した部分を徐々に整えていきます。このとき、カットはデザインではなく、傷んだ髪を排除するという考えですから、ここにコストをかける必要はありません。

最終的なデザインは、あくまでもきれいな素材である髪が手に入った後です。

つまり、傷めてきた頭皮の改善には、およそ3年がかかるということです。いままで〝薬害〟にあっていたわけですから、私は「反省期間」と言っています。

ヘナに変えたら、しばらくは髪がおかしな状態になりますが、〝薬害〟を自ら起こしていたのだから、反省して、そして我慢するしかありません。この期間で薬品によって老化した頭皮を徐々に改善し、結果白髪も減っていくのです。

これが3年のプログラムです。

時間をかけてゆっくりとていねいに髪をきれいに整えることにより、すべてが整っていきます。「髪」は「神」との架け橋であり、アンテナだということを忘れてはいけません。昔の人はきっとそのことを知っていたのだと思います。

キーワードは「自然は美しい」です。

「いまの多くの美容室の仕事は魂が見えない」「金銭のみにとらわれて本気できれいを追求していない」「本気であれば天が食べさせてくださる」……こんな気持ちで日々、仕事をしています。

もちろん、たくさんの方々に髪を通して「自然は美しい」を体験していただきたいと思っています。いまでは、週の前半の3日間は地方のどこかでヘナのワークショップをしています。いままでにない新しい体験を通して新たな髪に出会います。

いくつになってもきれいを実現してほしいと心から願っています。これからもきれいのお手伝いができればと思っています。

今回ご一緒させていただいた山中登志子さん、彩流社の出口綾子さんがこのような機会をあたえてくださったことに感謝しています。また、私のまわりにいる新たに加わったスタッフ、そして地方でお世話になっている大勢の方々に、この場をお借りして御礼を申し上げます。

森田要

kamidoko（カミドコ） http://laksmi-jp.com/

TEL 03-3400-9510（東京・福岡共通） ※予約は電話のみ受付

ヘナ・シャンプー・ブロー6000円～（税別）、カット6000円（税別）

東京 Tokyo
〒107-0062 東京都港区南青山5-12-5
第一和田ビル 202
【営業日】水・木・金・土・日
【営業時間】9:00 ～ 18:00
（最終受付 カット17:00／ヘナ16:00）

福岡 Fukuoka
〒810-0041 福岡県福岡市中央区大名2-4-38
チサンマンション 214号
【営業日】不定期 ＊お問い合わせください。
【営業時間】12:00 ～ 18:00
（最終受付 カット17:00）

【本著で紹介した美容室、お店、助産院】

長野
ハーバル・ヘナ専門サロンあーゆす
（高木順子）
〒399-0428 長野県上伊那郡辰野町伊那富8300-2
TEL 0266-78-6950
E-mail salon.a-yusu@ezweb.ne.jp
【営業時間】10:00～ 19:00（11～2月は17:00終了）
【定休日】月曜日（要確認）

佐賀
美容室 ひろこ
（山中ひろこ）
〒840-0045 佐賀県佐賀市西田代 1-4-2
TEL 0952-22-1392
【営業時間】9:30～ 18:30
【定休日】月曜日

徳島
徳島市民病院 理容室
（菊川ゆかり）
〒770-0812 徳島県徳島市北常三島町 2-34
TEL 088-622-5121（内線 2184）
E-mail sweet_hanahana_sweet@yahoo.co.jp
【営業時間】9:00～17:00
【定休日】土曜日、日曜日、祝日

北海道
CUT/HENNA 髪音（kamioto） organic salon
（鈴木佐世理）
〔石狩店〕〒061-3202 北海道石狩市
花川南二条 1丁目
TEL 090（7650）8094
〔南円山店〕〒064-0808 北海道札幌市
中央区南八条西23丁目1-5
TEL 011-522-8873
E-mail kanokano0323@ezweb.ne.jp
【営業時間】9:00～ラストまで（完全予約制）
【定休日】不定休

マースボウ MARTHBOH
（北村衣都子）
〒078-8319 北海道旭川市神楽岡 9条 3-1-20
TEL＆ FAX 0166-73-9637
E-mail kitamura@marthboh.jp
URL http://marthboh.jp
【営業時間】10:00～ 21:00
（受付時間 10:00～ 19:00）
【定休日】火曜日、祝日の月曜日

秋田
ふじもと美容室
（藤本康子）
〒018-3322 秋田県北秋田市住吉町1-10
TEL 0186（62）1181
【営業時間】8:30～18:30（受付時間）
【定休日】月曜日、第3日曜日

北海道

HAIR STUDIO 樹（miki）

（坂井美樹）
〒001-0924 札幌市北区新川4条2丁目5-25
トーカンマンション新川中央603号室
TEL 090-6218-528
FAX 011-766-3710
E-mail paru9696@gmail.com
【営業時間】10：00〜17：00（最終受付15：00）
【定休日】毎週月曜日、火曜日

札幌「fullmoon」

（益井彩乃）
〒064-0805 北海道札幌市中央区南5西11-1287-3
プリンセススクエア701号室
TEL 090（5985）4767
E-mai ayano@f-moon.info
URL http://f-moon.info
http://ameblo.jp/matueku60
【営業時間】7：00〜20：00 予約制10：00〜 21：00
（受付時間 10：00〜 19：00）
【定休日】不定休

熊本

アロマとハーブのお店 Cutie（キューティー）

〒860-0073 熊本県熊本市西区島崎2-21-1
TEL&FAX 096-326-3611
E-mail aroma-cutie@momo-mail.com
URL http://aroma-cutie.com/
【営業時間】10：00〜 18：00（要予約）
【定休日】

福岡

助産院「町のさんばさん」

（川野敦子）
〒 807-1112 北九州市八幡西区千代4丁目 9-8
TEL&FAX 093-618-4764
E-mai machisan1103@yahoo.co.jp
URL http://www.sanbasan.jp/
【診察時間】10：00〜 13：00、15：00〜 20：00
【休診日】毎週水曜、第1・3・5日曜日、臨時休診日
*お産（予約者）や乳房トラブルなどの急患は除く
*必ず予約の電話をお願いいたします（できれば前日まで）。

【初出掲載】

MyNewsJapan「花王ブローネヘアマニキュア損害賠償裁判
記者クラブへの便宜供与、〝一般の人〟は受けられず」山中登志子（2006年9月17日）に加筆

MyNewsJapan「花王ブローネヘアマニキュア〝脱毛〟裁判
双方の言い分明らかに」山中登志子（2006年10月15日）に加筆

【参考】

『自分で調べて採点できる　化粧品毒性判定事典』小澤王春（メタモル出版）
『ネパール インドの聖なる植物』（八坂書房）
全国理容生活衛生同業組合連合会（全理連）のウェブサイト

＊商品などの掲載内容は取材時の情報ですので、くわしくは各メーカーにお問い合わせください。

森田要（もりた・かなめ）

美容師。美容室「kamidoko（カミドコ）」（東京・青山）、株式会社ラクシュミー代表。1958年山梨県生まれ。東京マックス美容専門学校卒業。1982年、東京・南青山に美容室「Le Ciel（ル・シェール）」を開業。1998年、インターネット上でエコロジーショップをスタート。ヘナを使用したヘアケア製品を開発。日本全国にてヘナの講習会を開催中。著書に『トリートメントヘアカラーヘナ』（学陽書房、筆名は塩田要）、『美髪再生—髪にやさしいヘンナをはじめましょう』（メタモル出版、筆名は塩田鹿納命）。

山中登志子（やまなか・としこ）

編集家。1966年山口県岩国市生まれ。お茶の水女子大学（家族関係学専攻）卒。『就職ジャーナル』（リクルート）編集部在籍後、フリーランス編集者&シナリオライター。8年間、『週刊金曜日』（金曜日）編集部在籍。200万部ベストセラー『買ってはいけない』の企画・編集・執筆者。著書に『なっとく!のシャンプー選び』（彩流社、小泉まき子）、『なっとく!のビール・酒選び』（彩流社、長澤一廣）、『なっとく!の水・浄水器選び』（彩流社、角田隆志）、『プチ事典 読む化粧品—肌が変わるコスメ選びが変わる』（コモンズ）など。

画＝パント大吉（画家&ミュージシャン） http://www.geocities.jp/panto_s

新版《しんばん》 なっとく! のヘアカラー&ヘナ&美《び》容室《ようしつ》選《えら》び

2015年12月19日　初版第一刷

著　者　森田要・山中登志子 © 2015
発行者　竹内淳夫
発行所　株式会社 彩流社
〒102-0071 千代田区富士見2-2-2
電話　03-3234-5931
FAX　03-3234-5932
http://www.sairyusha.co.jp/

Sairyusha

編　集　出口綾子
装　丁　福田真一［DEN GRAPHICS］
印　刷　株式会社平河工業社
製　本　株式会社難波製本

Printed in Japan　ISBN978-4-7791-2172-2 C0077